大学生综合素质提升路径研究

李春燕　赵明范　著

四川大学出版社
SICHUAN UNIVERSITY PRESS

图书在版编目（CIP）数据

大学生综合素质提升路径研究 / 李春燕，赵明范著．
成都：四川大学出版社，2024.8. —— ISBN 978-7-5690-
7109-2

Ⅰ．G640

中国国家版本馆 CIP 数据核字第 2024DU1441 号

书　　名：大学生综合素质提升路径研究
Daxuesheng Zonghe Suzhi Tisheng Lujing Yanjiu
著　　者：李春燕　赵明范
————————————————————————————————————
选题策划：孙明丽
责任编辑：孙明丽
责任校对：吴连英
装帧设计：陈甜甜
责任印制：李金兰
————————————————————————————————————
出版发行：四川大学出版社有限责任公司
　　　　　地址：成都市一环路南一段 24 号（610065）
　　　　　电话：（028）85408311（发行部）、85400276（总编室）
　　　　　电子邮箱：scupress@vip.163.com
　　　　　网址：https://press.scu.edu.cn
印前制作：陈甜甜
印刷装订：成都市新都华兴印务有限公司
————————————————————————————————————
成品尺寸：170mm×240mm
印　　张：10
字　　数：192 千字
————————————————————————————————————
版　　次：2024 年 11 月 第 1 版
印　　次：2024 年 11 月 第 1 次印刷
定　　价：62.00 元
————————————————————————————————————
本社图书如有印装质量问题，请联系发行部调换

四川大学出版社
微信公众号

　　人的综合素质的全面提高是社会发展的一般要求和必然趋势，而对于新时代新征程中的青年大学生来说，综合素养的提升显得尤为迫切。

　　大学阶段，青年学生开始进入人生成长、成才的关键时期，无论是学业还是思想、心理、生活等各个方面，都将迎来全新的感受和变化。综合素养是指一个人的知识水平、道德修养以及各种能力等方面的综合素质。人的综合素质的全面提高是社会发展的一般要求和趋势，尤其是当前人类即将迈入知识经济社会，提高人的综合素质显得尤为迫切。综合素养与素质教育密不可分，素质教育是促进人的素质全面发展的教育，是我国教育教学改革的旗帜。素质教育的提出主要源于人们对于人的素质与应试教育现象的思考。提出素质教育，与其说是针对应试教育而言，不如说是对现代化建设提出的素质要求作出的积极回应，是对提高人的素质修养这一现代性课题进行的自觉探求。这才是确立素质教育理念的根本所在、实质所在。由对知识的关注转向在看重知识的同时更看重能力的过程，表明人们已自觉不自觉地部分放弃了带有科学主义色彩的培根命题——知识就是力量。在此基础上，再由同时关注知识和能力转向更看重人的综合素质的过程，表明人们更为自觉地意识到大学的终极关怀还应落实在由智慧和理性提升的人格精神和内在素质上，这便在更自觉地放弃带有工具主义色彩的种种观念的过程中大大提升了人的地位。从着重关注知识、关注能力深入到关注综合素质，这是一个教育观念发展、进步的过程，是一个走向更深切地关心人本身的过程，是一个走向更深邃地关心人的心灵世界和精神素质的过程。高等教育的一切社会价值目标都应建立在追求人的素质完善和优质发展这一更为根本的目的之上。

　　在撰写本书的过程中，笔者以严谨的论述、合理的结构和清晰的条理为目标，旨在为大学生综合素质提升路径领域的研究者和实践者提供有价值的参考和启示。同时，笔者受到了许多专家学者的帮助和指导，在此表示诚挚的谢意。然而，由于笔者水平有限，加之技术日新月异的今天，书中的某些观点和数据可能随着时间推移而发生变化。因此，书中所涉及的内容难免存在疏漏之处。笔者诚挚地邀请各位读者提供宝贵的意见和建议，帮助笔者进一步修改，以使本书更加完善。

目录
CONTENTS

第一章 素质与素质教育

第一节 素 质

一、素质的内涵和外延

(一)素质的内涵

世界是永恒发展的,反映客观现实的思维形式也是永恒发展的。人们对特定事物本质的认识并不是单一的、无条件的,而是多方面的、有条件的;概念不应被当作孤立的、隔离的、空洞抽象的规定,而应被看作富有具体内容的、有不同规定的、多样性的统一。美国当代一位很有影响力的哲学家、逻辑学家奎因提出的"意义理论"认为,在理解意义和指称概念时,必须认识到我们用以表述这些概念的手段,是相对于某个语言参考框架而言的,正如我们利用坐标系规定物体的位置和运动那样,他把这种观点称为"概念的相对性"或"本体论的相对性"。这一观点为我们规范素质概念提供了方法论依据:规范素质概念,首先要明确素质概念的使用范围。

在一般意义上,"素质"泛指一切事物本来的性质。从构词方式看,"素质"是由"素"和"质"两个单纯词构成的偏正结构的合成词。其中,"质",指事物的性质、品质、质量;"素",是"本来的""原来的""从来如此"的意思。"素质",就是指事物一向的、向来的、原有的性质、特点。

在第二个层次上,"素质"专门用来指称人的素质,可以兼指先天和后天的。例如,历史唯物主义认为,人既是劳动的前提,也是劳动的结果;就主要方面看,人的素质是劳动的产物、历史的产物;即使是先天的生理素质,也无不受到后天劳动的影响,并通过劳动而得到改善。也就是说,人的素质包括人后天劳动实践所形成的内容。

以人为直接研究对象的学科有很多，例如医学、遗传学、生理学、心理学、伦理学、社会学、民族学、人类学、教育学、人口学，等等。在这个庞大的学科群中，各门学科中的"素质"的含义与古义多少都有相承之处，同时又因不同学科的不同特点和要求，对其的界定也各有特色和侧重。例如，生理学中的"素质"主要指有机体与生俱来的解剖生理特征，其中包括遗传的和胎儿在母体环境变化中所形成的特性。心理学中的"素质"则指有机体天生的某些生理解剖特性，主要指大脑、神经系统和感觉运动系统等的特性。教育学领域内的"素质"与上述概念既有联系，又有一定的区别。

在语义学中，汉语词义具有概括性和具体性双重特点。概括性的词义具有较为概括的指称范围，义域较广，词义稳定，相对静止，处于词义的储存状态，多以字典、辞典的释义形式出现。具体的词义义域较窄，有特定的指示对象，处于词义的使用状态，多出现于具体的语言环境中。词义的概括性保证其稳定的交际作用，词义的具体性则体现了语言使用者的风格和创造性，蕴藏着语言本身的生机和活力。教育学领域的"素质"也具有概括性和具体性。其概括性是指人的整体素质，包括人的先天遗传和后天形成的能力，既包括人的理想、信仰、兴趣、爱好、习惯、修养，等等，也包括人的生理素质、心理素质、社会文化素质。一句话：几乎包括了人自身所拥有的一切，因而这种概括也就具有一定的模糊性。其具体性则专指人的某一方面的素质，例如，在体育教员那里可能专指运动员的生理素质，在心理咨询人员那里多指人的心理素质，而在政工人员那里则可能专指人的思想道德素质，等等，这就需要联系具体的语言环境才能准确理解。

基于此，我们认为人的素质的内涵可界定为：以个体先天遗传的禀赋为基础，在后天环境的影响、教育的作用下，通过个体社会实践与学习内化而形成和发展起来的相对稳定的基本品质结构与质量水平。

素质不仅是一种事实存在，也是一种价值存在。也就是说，对于社会的发展进步而言，素质有好坏之分，有真善美与假恶丑之别。通常情况下，素质是指有利于社会发展进步的素质。为了更清晰地理解"素质"的概念，似乎有必要将其与相关概念做一番简要的比较和辨析。

1. 素质与素养

《辞海》对"素养"一词的解释之一是：经常修习涵养。《汉书·李寻传》"马不伏历（枥），不可以趋道；士不素养，不可以重国"中"素养"一词也指平日的修养。从这个意义上说，一个人的素养是指其面对问题时的视野和底蕴，反映了素养对认知过程、思考过程、决策过程的主导作用。我们可以这样理解，"素质"与"素养"是一对内涵基本趋同的同义词，两者都具有基本趋同的要素，但"素养"侧重于强调一个人的知识力量和文化底蕴，而"素质"更侧重于强调一个人的人格力量和道德底蕴。例如，一个政治学专业人士，其政治素养很高，但不等于其政治素质很高；一个文化程度不高但德高望重的人，其道德素质很高，但不等于其道德素养很高。当然，政治素质和政治素养都很高的人，道德素质和道德素养都很高的人，在社会生活中还是普遍存在的。全面建设社会主义现代化国家、实现中华民族伟大复兴，需要广大国民努力成为"素质"和"素养"双高的中国特色社会主义事业建设者。

2. 素质与人的本质

本质是哲学的一个范畴，是相对于现象、相对于非本质的东西而言的概念，是某种假定普遍存在于事物之中的抽象的属性，来源于自柏拉图到笛卡尔的二元认识论。按这种认识论的思维方式，人们日常看到的东西只是事物的现象或表象，一定要通过深入的分析才能够获得对事物表象下面的"本质"的了解。事物的本质应该是这种事物之所以为这种事物、区别于其他事物的根据或根本属性，其他属性则是该本质的表现。人的本质就是人区别于其他动物的特质、最根本的属性。

与人的本质不同，人的素质不是抽象思维的结果，而是直接感知的对象，是一种可以直接地、实际地使用的力量。当然，两者又是有联系的：人的本质是对人的素质的抽象；而抽象的结果，即对人的本质的正确认识，能够帮助人们更全面、更深刻地反观素质自身，能够为研究人的素质与素质发展以及素质教育提供正确的理论指导。

人性或人的本性是与人的本质紧密相关的另一个概念，"性"和"质"在一定的语言环境中可以通用，人的本性也就是人的本质。关于人的本质的论述一般被称为"人性论"，是哲学的重要分支。人对自身本质的认识和争论经历了漫长的历史。中国有人性善与恶的争论，西方则有人性自私与利他的争论，近代以来西方先后出现过"经济人""社会人""自我实现人""复杂人"等人性假设，各种观点各执一端，都可以在社会生活中找到支持或否定的论据。这一事实本身表明，各种观点都从某一侧面触及了真理，都有一定的合理因素，但终究是片面的，因而是不完整、不科学的，或许只有把各种观点有机结合起来才是正确的。因而，应当克服静态化、表面化、绝对化倾向，从把握人的本性的双重性(动物性与文化性)入手，历史地、深入地、辩证地考察人的本性。从总体上看，人性是自然属性、社会属性的统一体。具体而言：第一，人起源于动物，人性源于动物性；就动物本身来讲，无所谓善或恶；人具有动物性和文化性双重人性，因而同时兼备原始的动物性的自私和人的文化性、社会性、利他性。第二，人是自然实体和社会实体的统一，人性是人的自然属性和社会属性的统一，但人的社会属性更能体现人的本质，因而，人的本性、本质主要是指人的社会属性；而最能体现人的社会属性的，则是人在社会实践、社会生活中结成的社会关系，诸如生产关系、政治关系、经济关系、阶级关系、血缘关系、业缘关系、地缘关系以及人与人之间的心理关系，人的本性正是在这些社会关系的影响、制约下形成、发展、变化的，因而可以说人的本质是一切社会关系的总和。第三，世界上并不存在固有的、绝对的人性，人性既会受先天因素影响，也会受到后天环境的巨大影响，是可以塑造和改变的，不同时代的人不可避免地会被打上时代、阶级、民族的烙印。人性的两重性在具体人身上有不同的表现，而且也不是固定不变的。第四，整个历史也无非是人类本性的不断改变而已。从人发展进化的总趋势看，随着社会的发展进步，人的文化性、社会性将逐步增强，人性中的原始自私性将逐步转变为利他性，并以利他性为最后归宿。此外，人的本质还可进一步分为类本质、群体本质和个体本质。类本质的主要规定性是社会性，个体本质的主要规定性是主体性。群体是类与个体的中间层次，群体本质体现了人的本质的一般性。人的本质是类本质、群体本质、个体本质三者的统一，三者相互渗透、互相联系、不可分割。

3. 素质与个性

个性的含义非常复杂，是多门学科研究的对象。将素质与个性相比较，需要明确个性的所属学科。

哲学上的个性是与共性相对的概念，指矛盾的特殊性。个性与共性，即个别与一般。哲学上的个性理论为其他学科研究个性提供了指导。从哲学观点看，人的素质是人的个性的上位概念，因为人的素质包括人的共性和人的个性。个体素质尽管是以个体获得的遗传为基础，在与他人不尽相同的环境和教育影响下发展起来的，具有与他人不尽相同的素质特征，但其发展历程毕竟是人类发展进化历程的一个缩影，不可能不带有人类素质的共同特征。也就是说，素质包括个性与共性（"群性"和"类性"）。显而易见，个性是素质的下位概念，它只是素质的一个方面的属性，不是素质的全部属性。

心理学界为"个性"一词所下的定义多种多样，但并没有为所有心理学工作者共同接受的明确定义。新版的《教育大辞典》（增订合编本）的解释是：个性"指个人的精神面貌或心理面貌"；"广义的个性与人格是同义词，二者均指个人的一些意识倾向和各种稳定而独特的心理特征的总和。狭义的个性通常指个人心理面貌中与共性相对的个别性，即个人独具的心理特征"。可见，心理学上的个性不仅不是素质的全部，甚至也不是心理素质的全部，只是心理素质的某些特征。

马克思主义关于人的发展学说中的个性，相当于个体素质的含义，比心理学中的个性概念更为广泛。例如，"个性全面发展"既包含心理特征方面的发展，又包含道德意识的发展，也包含身体素质方面的发展。在此情况下，个性的含义与个体、个体素质相同，个性全面发展也就是个体或个体素质的全面发展。这样，个性差异也就是个体素质的差异，这些差异不仅仅指心理特征方面的差异，还表现为其他三个方面或三个层次的差异：生理差异，包括性别、年龄、体貌、体质等，也称自然差异；心理差异，包括气质、性格、能力、兴趣等，这是在一定生理基础上受社会生活条件影响而形成的行为特征，它是个性的精神属性；观念差异，包括理想、信念、态度、价值观和世界观及道德品质等，是个人对自己赖以存在的社会大环境和个体小环境的反映和"内化"，它是个性的社会属性。这里的个性相当于素质中的个体素质，也不是素质的全部。

（二）素质的外延

在明确素质概念的内涵的同时，还应进一步明确其外延。在逻辑学上，外延是一个概念所确指的对象的范围。素质外延的确立实际上就是对素质外延进行划分，划分需要依据一定的标准，标准不同，所做的划分也就不同。对人的素质的划分离不开对人的存在形式的划分。人以个体、群体和人类整体的形式存在着。个体和人类是人的存在形式的两极，群体则为两极之中介。群体指复数的人，其规模有下限。

在发生学意义上，原始人类、原始群体、原始个体是原始人存在的基本层次和基本形式。在进化论意义上，人类是以整体的力量战胜生存威胁，在物种竞争中以一个新的物种整体地形成和发展起来的，任何个体都不可能独自生活在这个世界上，而只能作为人类这个族类的成员并与整个族类同舟共济；与此同时，离开了无数个体就不会有群体，也就不会有人类；个体、群体和人类在人的历史发展历程中既相互制约又相互促进。从未来归宿看，没有全人类的全面发展，就不可能有任何个人的真正的全面发展；反之，没有每个个体的全面发展，也不可能有整个人类的全面发展。据此，人的素质也可以相应地划分为个体素质、群体素质和人类素质。人的素质的这三种层次同时形成、同步演进，三者内在相关，互为条件，互相渗透，互促互动。环顾当代世界，人类面临着严重的全球问题、人类问题、民族问题、个人问题等，构成了一个复杂的问题网，既妨碍着人类的生存和发展，也妨碍着个人的自由全面发展。因此，研究人的素质既不能孤立地研究个体，也不能孤立地研究人类，而应从上述三个层次展开。

1. 人类素质

人类是个体、群体在生存中结成的，体现着人的整体性。人类素质是相对于人类最近的祖先猿的特性而言的。人类作为一种高级的物质形态和复杂的运动形式，既是自然界长期发展演化的结果，更是人本身劳动实践的产物。劳动使人类逐步具备区别于最近祖先猿的种种特征，形成其最初的素质结构及特征。

第一，在生理上，劳动使人形成了区别于猿的重要特征：直立，用两条腿行走，扩大了视野；人手具备了做精细动作的生理基础，能触摸并改造更多的东西；人头骨的颅腔容积达到 1200～1600mL，人借助于语言并在大脑的生理基础上形成了人所特有的第二信号系统，它使人脑具有接受特种声音即语言刺激的能力，这是人进行抽象思维的生理基础。

第二，在生理基础上人逐渐形成抽象思维的能力，这是人区别于其他动物的最重要的心理学特征。思维是人脑对客观现实的间接的、概括的反映形式；凭借思维认识自然规律，是人类改造和支配自然的必要前提。

第三，人在劳动中结成的一定的社会关系，使人逐渐成为社会性动物。古猿活动的群体性是自发形成的，而人类生产劳动的社会性则是自觉的；在生产劳动中，人与人之间结成了社会生产关系；在生产劳动和生产关系的基础上，人们还从事其他社会活动，形成其他社会关系。因而可以说，人的本质是以生产关系为核心的一切社会关系的总和。

2. 群体素质

群体是类与个体的中间层次，又称社会群体，泛指一切通过持续的社会互动或社会关系结合起来进行共同活动，并具有共同利益的人类集合体。对群体素质的分析可从一般和个别两个层次进行。

在一般层次上，群体素质主要表现在三个方面。

一是群体成员的生理特征。不同种族成员之间存在着显著的生理素质的差异，不仅体现在体形、身高、肢长、肤色、瞳色、毛发、头形、面部轮廓、鼻型等外观上，而且表现在血型、味觉、对某些疾病的敏感性等生物化学因素上。衡量某一国家或某一地区居民的生理素质，一般以居民的平均身高、体重、胸围、发病率、婴儿死亡率、残疾人口占总人口的比例、平均寿命等作为重要指标。不同群体在生理素质上存在着差异。从地缘关系看，由于自然资源和生态环境的影响，地区之间居民的生理素质差异也很大。

二是群体成员的科学文化素质。主要包括群体成员的文化知识水平(一般以平均受教育年限衡量)、科学技术水平、生产经验和劳动技能等，这是影响群体素质整体水平的重要因素。

三是群体心理气氛或群体精神。这是群体中比较稳定并占主导地位的对人、对工作和对周围事件的态度、情绪和情感的综合表现。影响群体心理气氛的因素有：群体的目标、任务及其在群体成员中的认同程度；群体领导者的作风；群体中的人际关系；社会情绪、社会舆论、社会传统等。群体心理气氛或群体精神集中表现为群体的凝聚力（内聚力）。群体凝聚力指群体吸引其成员，把成员聚集于群体中并整合为一体的力量，以价值观为核心的群体文化则是维系群体成员的精神纽带。以民族为例，它是通过文化认同（民族成员在共同的图腾崇拜、共同的历史文明、共同的语言文字和共同的生活方式等基础上产生的对生活规范和价值准则的一致信奉）形成了相对稳定的文化心理，并凝结为信仰、道德、民俗等思维和行为定式。文化认同是民族意识中的重要成分，是民族整合、凝聚的重要力量，它深深地融进民族的血管里，陶铸着民族的心灵。

在个别层次上，群体素质主要表现为一个具体的阶级、民族、政党、行业等大型群体的成员的特殊素质。以中国共产党为例，作为一个政党，与其他政党一样，有自己的纲领、章程，每个党员都必须服从党的纲领、遵守党的章程，这是最基本的"党性"要求。对于中国共产党不同于其他政党的特殊之处，有人赞誉中国共产党党员是"特殊材料"做成的，有着高于常人的崇高精神和品德，这是其他政党成员难以甚至无法具备的素质。又如，所谓"政治家的眼光""艺术家的敏感""军人气质""学者风度"等，都是指某一行业成员所具有的带本行业特点的素质。此外，群体素质还指某一群体在同类群体中表现出来的与众不同的鲜明风格和特色。人们所熟知的"杨家将""岳家军""好八连""雷锋班""大庆人"等，这些群体的成员不仅具备一般意义上的优良素质，而且具有该群体长期积累下来的区别于其他同类群体的某种特殊品质，这是一种能够使该群体成员引以为荣且使其他群体成员景仰、羡慕的品质。

3. 个体素质

个体是指单个的人，是组成群体和人类的基本单位，是个体共性的概括和抽象。从个体素质与群体素质和人类素质的关系上可以归纳出个体素质的主要特征。

一是社会性。人类素质、群体素质总是要在个体身上得到确定和体现，而任何个体又无不隶属于某个特定的社会、国家、民族、阶级或阶层。个体的素质也都与他所属的社会、国家、民族、阶级或阶层的整体素质有不可分割的联系，也就是说，个体素质会带有国民性、民族性，在阶级社会中的阶级性，在政党中的党性，等等。

二是独立性。人类和人群由一个个现实的个体组成，个人是最具体并具有综合性的单位。每个现实的个体不但作为整个人类或群体素质的载体，而且具有自身的若干特点。作为主体，每个人都具有独立性、能动性，都有一个独一无二的内心世界、素质结构。每个人都有独自进行生命活动的躯体。躯体的结构是独立的，它在同环境的交往中实现着物质、能量和信息的交换。人脑也是一个独立的系统，每个人的意识活动都在其中发生，独立思考是意识活动的重要特点。个体既是社会关系的总和，同时又具有相对独立性；即使在协作的大生产中，也仍然是以分工为前提的，分工就包含了个体间的区别与独立。群体可以解体，而个体却能作为整体存在着，加入新的群体。

三是差异性。个体的独立性决定了个体素质的差异性。每个个体都具有自身的特点，从而把自身与其他个体相区别，这不只是生理、心理上的差异，即不仅是体力、智力、能力、个性等方面的差异，更主要的是不同社会关系中的个人在社会地位、生活水准、活动方式、思想观念等方面的巨大差异，这些差异在社会发展的不同阶段，表现出不同的内容、性质、形式、特点。

人的素质是个体素质、群体素质和人类素质三者的统一，三者是相互渗透、相互联系、不可分割的。群体和人类的素质积淀、渗透并存在于每个现实的个体素质之中；现实性的个体素质则具体地反映、制约着群体和人类的素质，个人的创造活动和创造结果通过社会关系历史地积累起来，成为人类历史长河中的一个水滴，活生生的、丰富多彩的个性构成了群性和共性的源泉。而群体素质、人类素质又不是个体素质的简单相加，其发展状况既受制于个体素质，更取决于个体间的社会关系，取决于个体素质是否与民族共同体的准则利益、历史使命相符合。片面地、孤立地强调某一层面都会导致人的素质的下降，只有全面正确地认识和处理这三者的关系，才能促进整个人类素质的健康发展。

二、素质的特点和对教育的启示

(一)素质的遗传性与习得性

人的先天素质主要通过遗传获得，故具有遗传性。这种先天素质成为后天素质提高的条件与基础，但总体而言，人的素质主要不是由先天素质提供的，而是在环境和教育的影响下，通过自身后天的努力习得的。孔子早就说过："性相近也，习相远也。"也就是说，人们之间的先天素质相差不大，后天素质表现之所以相差甚远，取决于环境与教育的影响及个体主观努力的程度。

启示：素质的这一特性，要求教育工作者应充分认识到先天素质在学生发展中的前提作用，把握学生先天禀赋的差异性，注意因材施教，最大限度地发挥其潜能；与此同时，还应特别重视环境和教育及个体主观努力在学生发展中的重大作用，注重育人环境的优化和育人方法的改善，尤其要在学生主观能动性的发挥上狠下功夫。

（二）素质的相对稳定性与可塑性

人的素质是个体以某种机能系统或结构形式固定下来的东西，在各种活动中经常而稳定地表现出来。一般来说，只有那些经常而稳定地表现出来的品质，才能构成素质；而那些不稳定的、只在某种特定的条件下才会偶有表现的品质，不能称为素质。但这并非意味着素质本身是恒定不变的。

素质的稳定性只是相对的，人的素质可通过环境和教育的影响，尤其是通过个体的努力而加以改变。随着环境与教育影响力的增强和个体主观努力程度的提高，其素质水平必然会相应地得到提高。

启示：素质的这一特点，要求教育工作者努力培养学生稳定的知识技能、良好的行为习惯、健全的身心素质、积极的个性品质及审美情趣，并利用环境和教育的影响力，调动学生的积极主动性，促使学生的现有素质不断得到提高。

（三）素质的潜在性与整体效应性

人的素质是个体内化了的具有深层意蕴的品质特征，是蕴藏在人自身的尚需开发出来的身心潜能，并可通过人的言行举止得到外在的表现。正是从这个意义上来说，人的素质具有潜在性。与此同时，素质具有整体效应性，也就是说，人的素质水平的外现是一种综合效应。任何优良素质的外现，都是人的德行、智能等多方面相互作用的结果。仅仅凭某一方面的素质，人往往很难有所作为。

启示：基于素质的这一特点，教育工作者既应善于开发素质的潜在功能，又应善于发挥素质的整体效应。为了实现整体效应，教育工作者应致力于学生的全面和谐的发展，从根本上改变诸如重智轻德之类的做法。

（四）素质的个体性与群体性

素质具有个体性，每个人都有自身独特的素质结构。然而，素质不仅表现为个体性，而且表现为群体性，即表现为各类群体中全体成员所具有的某些共同的基本素质。个体素质与群体素质是密切联系在一起的。个体素质是群体素质的"细胞"，若没有高素质的个体，就不可能有高素质的群体；群体素质是个体素质提高的"土壤"，个体素质的提高，会受到群体素质的积极影响。

启示：基于素质的这一特点，教育工作者应立足于学生个体素质的全面提高，为培育高素质的群体打下基础；对学生应既提出明确的、共同的目标要求，又应有所侧重，不可一律强求；与此同时，还应重视学生群体素质对个体素质的积极影响，使个体素质与群体素质的提高相得益彰。

(五)素质的时代性与前瞻性

人的素质是整个人类进化、社会文化进步的产物。正如《中共中央关于社会主义精神文明建设指导方针的决议》中所指出的那样，"人的素质是历史的产物，又给历史以巨大的影响"。由于人总是生活在一定的社会背景之中，环境和教育的影响及人自身的实践，无不具有时代的特征。因而，人的素质总是有着鲜明的时代烙印，并受历史发展水平的限制。同时，人的素质的发展又具有明显的前瞻性，必须面向未来，以适应未来社会发展对人的素质的基本要求。

启示：基于素质的这一特点，教育应根据不同时代对人的素质提出不同的要求，为人的素质的提高提供最大可能性，为人的素质的发展提供应有的条件；同时应预测并满足未来社会发展对人才素质的要求，促进社会历史的进步。

从上述对素质内涵、特征的讨论中可以看出，人的素质主要是精神层面的，但也有物质层面的。就个体而言，可能某些方面的素质高一些，某些方面的素质低一些，尽管我们习惯于要求提高综合素质，个体也希望自己成为完人，但现实中纯粹的完人是没有的。所谓综合素质高，是指那些与日常生活、学习和工作紧密相关的精神层面的素质达到了较高的层次。如果不加限定，在平常口语中所说的素质，往往仅指道德和人格。

第二节 大学生素质与素质教育

当今时代，人类社会步入了一个科技创新不断涌现的重要时期，也步入了一个经济结构加快调整的重要时期。

发生于20世纪中叶的新科技革命及其带来的科学技术的重大发现与发明和广泛应用，推动世界范围内生产力、生产方式、生活方式和经济社会发生了前所未有的深刻变革，也引起全球生产要素流动和产业转移加快，经济格局、利益格局和安全格局产生了前所未有的重大变化。

　　进入 21 世纪，世界新科技革命发展的势头更加迅猛，正孕育着新的重大突破。提升自主创新能力、建设创新型国家，需要我国高校培养一大批具有创新意识、创新精神和创新能力的高素质人才。因此，全面推进大学生素质教育，提升大学生的创新能力及其综合素质，提高大学生的就业竞争能力及其可持续发展能力，已经成为我国有效提升自主创新能力、建设创新型国家、实现中华民族伟大复兴的重大课题。

　　本节着重就大学生就业竞争能力的基本要素、大学生素质的基本问题、大学生素质教育的基本问题等进行一些探讨分析。

一、大学生就业竞争能力的基本要素

　　大学生就业竞争能力是指大学毕业生在校期间通过知识结构的优化和综合素质的培养而获得的能够实现就业理想、满足社会需求、在社会生活中通过竞争实现自身价值的本领。大学生就业竞争能力是大学生综合能力和可持续发展能力的集中体现，增强大学生就业竞争能力是高校实施本科教学质量工程的重要内容。深化大学生就业竞争能力基本要素的研究，对于增强大学生就业竞争能力具有十分重要的作用。

　　大学生就业竞争能力包括专业能力、职业能力、创新能力、求职能力、适应能力等基本要素。其中，专业能力是基础要素，职业能力是发展要素，创新能力是核心要素，求职能力是载体要素，适应能力是支撑要素。

(一)专业能力是大学生就业竞争能力的基础要素

　　专业指高等学校根据社会分工需要而划分的学业门类，是按照社会对不同领域和岗位的专门人才的需要来设置的。

　　专业能力是指大学生在专业教育和专业学习过程中形成的运用所学专业知识和专业理论解决实际问题的本领，包括专业知识结构、专业学习能力、专业技术能力等要素。

　　专业教育活动是高等教育活动的主体活动，专业学习活动是大学生在校期间的主体活动。专业能力是大学生综合能力的基本要素，是大学生职业能力、创新能力和可持续发展能力的重要基础。用人单位选聘大学毕业生首先需要明确选聘哪个专业的毕业生，然后再考察所选大学毕业生的专业能力。大学生的专业能力已经成为技术含量高的用人单位很看重的基础标准。因而，专业能力是大学生就业竞争能力的基础要素。

　　专业知识结构是指外在的专业知识、专业知识系列、专业知识体系在大学生头脑中的内在状况，即客观知识经过大学生的输入、储存、加工而在头脑中

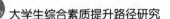

内化形成的、由智力联系起来的多要素、多系列、多层次的专业知识综合体。某一功能的职业需要相关专业的知识结构，相近专业的知识结构适应相近功能的职业。专业知识结构在专业知识运用过程中发挥着转换器一样的载体作用。合理的专业知识结构有利于同化原有知识、概念而形成新观点、新概念，因而，大学生的专业知识结构越合理，专业能力和就业竞争能力就越强。

专业学习能力是指大学生在专业教育和专业学习过程中形成的系统掌握所学专业知识和专业理论、完成专业学习任务的本领，是大学生能否在大学期间和就业后持续有效学习专业知识和专业理论、优化专业知识结构的重要标志，是大学生增强专业能力、综合能力、可持续发展能力的基础。大学生专业学习能力的培养需要客观分析学习状况、有效把握学习环境、统筹安排学习任务、运筹管理学习时间、制订完善学习计划、优化选择学习方法、评估反馈学习活动、调节控制学习过程等多重环节的艰苦训练。用人单位往往十分注重考察大学生的专业学习能力，因而，大学生的专业学习能力越强，专业能力和就业竞争能力也就越强。

专业技术能力是指大学生在专业教育和专业学习过程中形成的运用所学专业知识和专业理论解决专业技术问题的本领，是大学生形成专业能力、职业能力、创新能力的基础。专业技术能力的形成具有很强的实践性，需要在专业实践中不断摸索、逐步提高、持续发展。用人单位往往特别重视考察大学毕业生的专业技术能力水平，因而，大学生的专业技术能力越强，专业能力和就业竞争能力也就越强。

(二)职业能力是大学生就业竞争能力的发展要素

职业是人类社会根据经济与社会发展需要进行社会分工而形成的专门性工作领域。复杂性、系统性、知识性、技能性程度较高的职业，需要高等学校为其培养大批高层次、高素质的专业人才。

职业能力是大学生在专业教育和专业学习过程中形成专业能力的基础上，实现成功就业和从事职业工作所必需的本领，包括职业意识、职业素养、职业技能等要素。职业能力是大学生可持续发展能力的集中体现，用人单位往往十分注重考察大学生的职业能力水平，因此，职业能力是大学生就业竞争能力的发展要素。

增强职业意识是增强大学生职业能力的前提，需要高校实施全程职业意识教育。大学生职业意识的教育始于新生教育，职业意识的产生始于学业生涯规划，职业意识的形成始于职业生涯设计，职业意识的增强始于职业岗位实习。职业意识强不强，职业方向明不明，直接影响到大学生职业能力的储备和就业竞争能力的提升，甚至直接影响到就业的成败。

增强职业素养是增强大学生职业能力的核心，需要高校实施全面职业素养教育。大学生职业素养的培育始于专业引导，职业素养的形成始于素质教育，职业素养的完善始于素质拓展。增强大学生的职业素养，身心健康素养是前提，科学文化素养是基础，思想道德素养是核心，专业创新素养是关键。用人单位往往把是否具有良好的工作态度、是否大事小事都愿意做并且做好、是否具有亲和力、是否具有奉献精神和责任心、是否具有较高的情商、是否具有良好的团队精神和协作能力、是否对单位忠诚和具有团队归属感、是否能够带着激情去工作等因素作为选聘人才的重要衡量标准。

增强职业技能是增强大学生职业能力的保证，需要高校实施系统的职业技能教育。大学生的职业技能建立在专业技能的基础之上，主要包括运筹决策能力、组织管理能力、协调沟通能力、职业发展能力等要素。增强运筹决策能力是增强大学生职业技能的前提。良好的运筹决策能力，既可以使大学生做出比较合理的选择，也可以使大学生取得较大的收获。增强组织管理能力是增强大学生职业能力的基础，随着经济全球化、知识经济化、全球信息化、学习社会化、国家创新化、组织团队化的不断推进，社会分工越来越强调综合与系统、团结与协作，需要大学毕业生具有较强的组织管理能力。增强协调沟通能力是增强大学生职业能力的重点，现代社会的进步和科学技术的发展，要求每个出色的社会成员必须具备较强的协调沟通能力；用人单位需要的是能够运用自己良好的协调沟通能力与单位内外有关人员接触，能够团结协作、同心同德、完成组织的使命和目标的大学毕业生。增强职业发展能力是增强大学生职业技能的根本，良好的职业发展能力是大学生实现可持续发展的保证。

（三）创新能力是大学生就业竞争能力的核心要素

创新是指从旧的系统或未形成系统的形态中创造出新的、适应发展需要的系统形态，简言之，就是推陈出新。创新是一个民族进步的灵魂，是国家兴旺发达的不竭动力。创新是一个单位可持续发展的源泉，是个体潜能充分发挥的标志。创新能力是一个人产生新认识、新思想和创造新事物的核心能力，包括智力性能力、非智力性能力、差异性能力等要素。在我国致力于提高自主创新能力、建设创新型国家的新时期，大学生创新能力的培养已经成为高校人才培养的核心。大学生的创新能力已经成为其实现成功就业、可持续发展的核心竞争能力，是大学生就业竞争能力的核心要素。

增强智力性能力是增强大学生创新能力的基础。智力性能力包括观察能力、注意能力、想象能力、思维能力、记忆能力等要素，由此产生大学生创新能力培养的创新认识、创新思维、创新灵感、创新技能、创新方法等要素。当前，大学生在创新认识、创新思维、创新技能、创新方法等方面都存在较多不足，因而，创新灵感也较难产生，需要我们加强创新知识教育、创新思维培养、创新灵感激发、创新技能训练、创新方法指导等方面的工作。

增强非智力性能力是增强大学生创新能力的核心。非智力性能力包括动机、兴趣、情感、意志、性格等要素，由此产生大学生创新能力培养的创新意识、创新动力、创新精神、创新毅力、创新人格等要素。当前，大学生在创新意识、创新动力、创新精神、创新毅力、创新人格等方面都有所欠缺，需要我们加强创新意识强化、创新动力激发、创新精神培养、创新毅力锻炼、创新人格塑造等方面的工作。

增强差异性能力是增强大学生创新能力的关键。差异性能力包括学习能力、信息能力、创业能力、求异能力、实践能力等要素。现代社会是一个分工高度细化的社会，在这样一个社会中，就业就是要找到适合于自身的分工位置，实现自身特长与社会需求在分工结构中的有机结合。而分工的一个重要特性就是工作性质的差异性。这种差异性客观上要求大学生的知识结构、能力结构、素质结构具有差异性或个性特点，这种差异性也体现在大学生具有"人无我有，人有我特，人特我优"的创新特质。大学生拥有了这种差异性，才会在就业过程中和就业后保持可持续发展能力和核心竞争能力。

(四)求职能力是大学生就业竞争能力的载体要素

求职能力是大学生在就业过程中赢得用人单位青睐所必需的各种相关能力的总和，包括自荐能力、表达能力、交往能力等要素。

大学生的就业过程既是一个求职应聘的过程，也是一个形象展示的过程。

大学生的求职能力体现在两个方面：一是对自己大学期间乃至多年成长历程中所形成的知识结构、综合能力、综合素质做一个全面回顾，形成个体化的求职信和求职材料；二是在就业过程中充分展示自己的知识、能力、素质，赢得用人单位青睐并实现成功就业。用人单位主要凭借大学毕业生在求职应聘过程中所表现出来的求职能力及其综合表现来做出是否录用的决定。因而，求职能力是大学生就业竞争能力的载体要素。

增强自荐能力是增强大学生求职能力的基础。自荐能力建立在大学生对用人单位情况全面了解和对招聘信息内涵准确把握的基础之上，既体现在大学生对求职信和求职简历的精心策划上，又体现在大学生在求职过程中自我形象的展示水平上。正如商品的外包装决定了它能否在激烈的市场竞争中脱颖而出一样，大学生也要凭借自己的实力向用人单位大方而又巧妙地推销自己，让自荐能力发挥恰到好处的效果。

　　增强表达能力是增强大学生求职能力的关键。求职者的表达能力既包括口头表达能力、文字表达能力、数字表达能力、图示表达能力等要素，又包括汉语表达能力和外语表达能力。大学生在校期间就要高度重视表达能力的培养，尤其要重视书面表达能力和口才训练，因为书面表达能力和口才是表达能力的集中体现。敢于动笔是提升书面表达能力的基础，善于思考是提升书面表达能力的关键；敢于开口是练好口才的基础，善于谈话是练好口才的关键。

　　增强交往能力是增强大学生求职能力的保证。衣着得体、神情自信、态度诚恳是求职者展示交往能力的要点。在对应聘者的考查中，交往能力还包括合理展现自我的能力，即求职者是否能够按照某一组织认可的成功标准塑造自我形象，使用组织文化认可的语言并予以适度表现。增强交往能力需要注意交往时大胆参与、与他人心理相融、诚实守信以及人格平等细节问题。

　　(五)适应能力是大学生就业竞争能力的支撑要素

　　适应能力是大学生在就业后实现提高就业质量的目标所必需的各种相关能力的总和，包括应变能力、心理调适能力、抗挫折能力、独立能力等要素。适应能力也是大学生综合能力的客观反映，与大学生个体的思想观念、行为习惯、智能水平、身体素质、心理素质等密切相关。一个适应能力强的人能够很快适应新的环境，即使是在较困难的情况下也能够变不利因素为有利因素，遇到问题时能及时看到问题的症结所在，并及时调动自己的能力和所学的知识，迅速释放出自己的潜能，制订可操作的方案，从而取得成功。大学生在就业后能否实现提高就业质量的目标取决于其是否具有较强的适应能力，因此，适应能力是大学生就业竞争能力的支撑要素。

　　增强应变能力是增强大学生适应能力的前提。能否在较短时间内认同用人单位的文化常常是用单位检验大学生应变能力强弱的重要标志。每个用人单位的文化都是其生存和发展的精神支柱，大学生择业时只有认同其所在单位的文化，才能与所在单位共同成长。用人单位往往会重点考查大学生的求职心态与职业定位是否与本单位需求相吻合、个人的自我认识与发展空间是否与本单位的组织文化与发展趋势相吻合，都会把应聘者能够与本单位文化、团队氛围相融洽作为招聘人才的标准之一，都认为只有这样的大学毕业生才能够较快适应本单位的环境并与本单位共同发展。因此，大学生在求职前要着重对所选择的用人单位的企业文化做一些了解，并看自己是否认同该单位的文化；如果想加入这个单位，就要使自己的价值观与单位倡导的价值观相吻合，以便进入单位后自觉地融入这个团队中，以单位文化来约束自己的行为，为单位尽职尽责。

增强心理调适能力是增强大学生适应能力的基础。心理调适能力与适应能力相互依存、相互作用、相互消长、紧密相关，而心理素质、就业期望值和就业心理准备是影响大学生心理调适能力的三大因素。有效的心理素质教育对于增强大学生心理调适能力具有重要的基础作用，积极调整就业期望值对于增强大学生心理调适能力具有重要的缓冲作用，做好比较充分的就业心理准备对于增强大学生心理调适能力具有重要的保障作用。因而，大学生需要从增强心理素质、调整就业期望值、做好比较充分的就业心理准备这三个方面来有效地增强自己的心理调适能力和适应能力。

增强抗挫折能力是增强大学生适应能力的重点。人生挫折在所难免，抗挫折能力与能否适应新环境密切相关。多数大学生的家庭条件比较优越、成长环境比较和谐、人生经历比较顺利，没有经历过比较复杂的人生挫折。而当前就业的市场竞争十分激烈，职场的竞争也十分激烈，许多大学生就业后都会面临程度不同、大大小小的人生挫折考验。因而，大学生就业后的抗挫折能力与适应能力成正比关系，需要其在校期间就有效开展抗挫折能力的锻炼，这样才能有效增强大学生就业后的适应能力、提高就业质量。

增强独立能力是增强大学生适应能力的保证。大学生是否具有独立能力是其是否真正实现了个体社会化的重要标志，也是其是否真正具有较强适应能力的重要标志。这里的独立能力包括独立学习能力、独立生活能力、独立工作能力、独立交往能力等。用人单位往往十分注重考察大学毕业生的独立能力，以此来判断大学毕业生的适应能力。因而，增强大学生的独立能力是增强大学生的适应能力、可持续发展能力和提高大学生的就业质量的重要支撑。

二、大学生素质的基本问题

本章第一节已经系统探讨分析了素质问题。在此基础上，本节着重就大学生素质的内涵、结构、现状等方面进行一些探讨分析。

（一）大学生素质的内涵

大学生素质的内涵既具有人的素质内涵的普遍性，又具有其自身内涵的特殊性。大学生的素质内涵与中小学生的素质内涵、经过基础教育而未经过高等教育的成人的素质内涵是有区别的。中小学生的素质内涵是指其以先天遗传的禀赋为基础，在后天环境影响、基础教育的作用下，通过社会实践与学习内化而形成的相对稳定的基本品质结构与质量水平。经过基础教育而未经过高等教育的成人的素质内涵是指其以先天遗传的禀赋为基础，在后天环境影响、基础教育的作用下，通过后期社会实践与学习内化而形成的相对稳定的基本品质结构与质量水平。

大学生素质是知识内化和升华、能力拓展与提升的结果，是大学生所获知识和能力的内核，体现着学习和实践的成果，是大学生认识和改造主客观世界的力量源泉。在大学生素质的发展过程中，学生处于主体地位，环境是主体发展的土壤，教育学习与社会实践活动是主要渠道。

从素质教育的角度来看，我们认为，大学生素质的基本内涵是：大学生以个体先天遗传的禀赋为基础，在后天环境影响尤其是高等教育的作用下，通过社会实践与学习内化而形成和发展起来的相对稳定的基本品质结构与质量水平。

大学生素质的上述内涵体现了四层含义：

其一，体现在其先天遗传的禀赋与后天环境影响的结合上，大学生所处的高等学校环境对先天遗传禀赋的影响更加明显。

其二，体现在先天遗传的禀赋与高等教育作用的结合上，大学生所接受的高等教育对先天遗传禀赋的激发作用更加充分。

其三，体现在其先天遗传的禀赋与社会实践的结合上，大学生所进行的社会实践和先天遗传禀赋的联系更加紧密。

其四，体现在其先天遗传的禀赋与大学学习内化的结合上，大学生所进行的高层次创新学习对先天遗传禀赋的利用更加有效。

也就是说，大学生先天遗传的禀赋与后天环境影响、高等教育作用、大学学习内化的结合而形成的相对稳定的基本品质结构更加优化，质量水平更高。

(二)大学生素质的结构

大学生素质的结构建立在人的素质结构的基础之上。通常，按先天因素与后天因素将人的素质分为先天因素占主导的素质、先天因素与后天因素结合的素质、后天因素占主导的素质三大类。其中，先天因素占主导的素质主要指身体素质；先天因素与后天因素结合的素质主要指心理素质；后天因素占主导的素质主要指养成素质，包括政治素质、思想素质、法律素质、道德素质、科学素质、文化素质。

大学生素质具有内在性、稳定性、有机性、多样性、层次性、专业性等特点，因而大学生素质的结构既具有人的素质结构的普遍性，又具有其自身的特殊性。

《中共中央 国务院关于进一步加强和改进大学生思想政治教育的意见》(中发〔2004〕16号，以下简称《意见》)明确提出："以大学生全面发展为目标，深入进行素质教育。加强民主法制教育，增强遵纪守法观念。加强人文素质和科学精神教育，加强集体主义和团结协作精神教育，促进大学生思想道德素质、科学文化素质和健康素质协调发展，引导大学生勤于学习、善于创造、甘于奉献，成为有理想、有道德、有文化、有纪律的社会主义新人。"由此可见，从加强大学生思想政治教育的角度来看，大学生素质的结构包括思想道德素质、科学文化素质、健康素质三大类素质。

《意见》提出的大学生的素质结构与人的素质结构并不矛盾。思想道德素质、科学文化素质均属于后天因素占主导的养成素质，其中，思想道德素质包括政治素质、思想素质、法律素质、道德素质四种素质；科学文化素质包括科学素质、文化素质两种素质。而健康素质是属于先天因素占主导以及先天因素与后天因素结合的素质，包括身体素质、心理素质，本书称其为身心健康素质。本节在深入研究大学生素质的内涵、特点的基础上，对大学生素质的结构进行进一步完善与优化。

根据人的素质结构的普遍性，大学生的素质结构虽然也同样包括思想道德素质、科学文化素质、身心健康素质三大类素质，但与同龄人相比，大学生的思想道德素质、科学文化素质、身心健康素质的内涵更丰富、层次更高、质量水平更高。与此同时，鉴于大学生综合素质的内涵具有先天遗传禀赋的特殊性、后天环境影响的特殊性、高等教育作用的特殊性以及大学学习内化的特殊性，在深入研究的基础上，我们认为，大学生的素质结构还应当从思想道德素质、科学文化素质、身心健康素质中分离出一类与之相并列的素质，称之为专业创新素质，它包括专业素质、学习素质、信息素质、创新素质、职业素质五种素质。

高等教育作用的特殊性拓展了大学生的素质结构，最明显的是大学生的专业素质、创新素质和职业素质。高等教育的根本任务是立德树人，应以专业教育为平台，为相应的社会职业培养创新型人才，这就涉及大学生的专业素质、职业素质和创新素质问题。

专业素质是指大学生在专业方面通过先天遗传的禀赋与后天环境影响、专业教育作用、专业实践与学习内化的结合而形成的相对稳定的基本品质结构与质量水平。

职业素质是指大学生在职业方面通过先天遗传的禀赋与后天环境影响、职业教育作用、职业实践与学习内化的结合而形成的相对稳定的基本品质结构与质量水平。

创新素质是指大学生在创新方面通过先天遗传的禀赋与后天环境影响、创新教育作用、创新实践与学习内化的结合而形成的相对稳定的基本品质结构和质量水平。

大学学习内化的特殊性拓展了大学生的素质结构，最明显的是大学生的学习素质和信息素质。大学阶段的学习不同于其他阶段的学习，大学学习更强调个体的信息化学习、自主性学习、研究性学习、提升性学习、创造性学习，是一种高层次的学习内化活动。

学习素质是指大学生在学习方面通过先天遗传的禀赋与后天环境影响、高等教育作用、学习实践活动的结合而形成的相对稳定的基本品质结构与质量水平。

信息素质是指大学生在信息方面通过先天遗传的禀赋与后天环境影响、信息教育作用、信息实践与学习内化的结合而形成的相对稳定的基本品质结构与质量水平。

综上所述，我们认为，完善的大学生素质的结构是由思想道德素质、科学文化素质、身心健康素质、专业创新素质四大类素质以及政治素质、思想素质、法律素质、道德素质、科学素质、文化素质、身体素质、心理素质、专业素质、学习素质、信息素质、创新素质、职业素质十三种素质所构成的四类十三种素质结构体系。

在大学生素质的结构中，身心健康素质是前提，没有良好的身心健康素质，其他素质无以提升；科学文化素质是基础，没有良好的科学文化素质的支撑，其他素质难以提升；思想道德素质是核心，没有良好的思想道德素质，其他素质的提升缺乏正确的方向；专业创新素质是关键，没有良好的专业创新素质，创新型高素质人才无从产生。

在大学生专业创新素质结构中，学习素质是前提，信息素质是载体，专业素质是主体，创新素质是标志，职业素质是重点。同时，学习素质也是所有养成素质的元素质，没有良好的学习素质，则其他养成素质都无以提升；信息素质是所有养成素质的载体，没有良好的信息素质，其他养成素质的提升就失去了基础；专业素质是所有养成素质的综合主体，没有良好的专业素质，高等教育就失去了意义；创新素质是所有养成素质的标志性体现，没有良好的创新素质，高等教育任务就无以完成；职业素质是所有养成素质的重要体现，没有良好的职业素质，大学生的可持续发展能力就得不到保障。

（三）大学生素质的状况

在高等教育大众化、国际化、优质化不断推进的过程中，我国大学生的素质状况呈现出良好的态势，大学生面临新形势、新要求、新机遇、新挑战，其知识结构不断优化、综合能力不断增强、整体素质水平不断提高，基本适应社会主义现代化和社会主义市场经济发展趋势以及经济全球化、知识经济化发展潮流。但是，由于主观和客观等原因，我国大学生的素质状况还是存在不少薄弱环节，需要引起我们的高度重视。

1. 大学生思想道德素质状况

改革开放特别是党的十八大以来，各地区、各部门和高等学校认真贯彻以习近平同志为核心的党中央的要求，加强和改进思想政治教育工作，在培养德、智、体、美、劳全面发展的社会主义合格建设者和可靠接班人方面发挥了重要作用。大学生思想道德素质整体积极、健康、向上。他们热爱党，热爱祖国，热爱社会主义，坚决拥护党的路线方针政策，高度认同毛泽东思想、邓小平理论、"三个代表"重要思想、科学发展观和习近平新时代中国特色社会主义思想，充分信赖以习近平同志为核心的党中央，对坚持走中国特色社会主义道路、实现中华民族伟大复兴的中国梦充满信心。当代大学生对自身的思想道德素质是高度重视的，其思想道德素质状况总体上是好的，其希望进一步提升思想道德素质的愿望是迫切的。

国际国内形势的深刻变化使大学生的思想政治教育既面临有利条件，也面临严峻挑战。大学生面临着大量西方文化思潮和价值观念的冲击，某些腐朽没落的生活方式对大学生的影响不可低估。随着对外开放不断扩大、社会主义市场经济深入推进，我国社会经济成分、组织形式、就业方式、利益关系和分配方式日益多样化，人们思想活动的独立性、选择性、多变性和差异性日益增强。这有利于大学生树立自强意识、创新意识、成才意识、创业意识，同时也带来一些不容忽视的负面影响。一些大学生不同程度地存在政治信仰迷茫、价值取向扭曲、诚信意识淡薄、社会责任心缺乏、艰苦奋斗精神淡化、团结协作观念较差等问题。因而，进一步加强和改进大学生的思想政治教育以有效地提升大学生的思想道德素质是一项极为紧迫的任务。

2. 大学生科学文化素质状况

信息社会、就业压力、社会竞争给大学生带来了系统学习知识、提升综合能力的动力，促使大学生越来越重视科学文化知识的学习、越来越重视科学精神与人文精神的统一、越来越重视科学文化素质的提升。新时代大学生的科学文化素质状况总体上是好的，其希望增强科学文化素质的愿望是迫切的。

我国正在大力实施素质教育，但是受传统"应试教育"的影响，现在不少大学生在基础教育阶段仍是以考上大学为主要目的，对专业选择也是都更看重市场需求和就业导向，忽视了自己的兴趣爱好，也忽视了如何构建合理的知识结构等问题，既容易出现科学知识基础薄弱或文化底蕴薄弱的现象，也容易出现科学精神与人文精神相分离、科学素质与人文素质相脱离等现象，从而导致一些大学生的科学文化素质不能适应经济与社会发展需要。因而，采取完善人才培养方案、加强科学素质与文化素质教育等措施来有效提升大学生的科学文化素质是一项十分重要的任务。

3. 大学生身心健康素质状况

随着全面建设小康社会目标的实现、人民生活水平的不断提高，大学生的身心健康素质也不断提高，比以往有所改善，但同时也出现一些新的问题。大学生的体能素质，从物理指标来看，发育情况好于以往，平均身高、体重、胸围等指标都高于以往大学生的水平，营养结构较为合理。但是，受社会政治、经济、文化的快速发展和社会转型的各种影响，大学生的心理问题比较突出，主要表现为心理不稳定、缺乏安全感和认同感。有关统计分析表明，不同高校、不同大学生群体中存在不同程度心理问题的人数比例在10%～20%不等。因而，采取各种有效措施来增强大学生的身心健康素质也是一项十分重要的任务。

4. 大学生专业创新素质状况

当今世界，正掀起一股新的技术革命的热潮，人类社会又一次面临一场新的挑战。科学、技术与社会相互作用并以前所未有的形式呈现于世，其特点是大量地生产知识，使得"知识生产力已经成为生产力、竞争力和经济成就的关键因素"；也就是说，知识是经济发展的驱动力，生产要素已经不再仅仅是土地、劳动和资本。知识这种独特的生产要素与传统的生产要素相比，具有无限性，它可以被源源不断地发明创造出来。当今社会，知识总量空前增长，并呈现出两个显著特点：一是知识量的递增速度愈来愈快；二是知识的陈旧周期愈来愈短。而已有知识需要通过学习来掌握，新的知识需要通过创新来产生，因而，大学生的专业创新素质显得越来越重要。

现在各高校十分重视高素质、高水平、创新型的师资队伍建设，也十分重视大学生的专业创新素质培养，大学生对自身专业创新素质的提升也十分重视，因而，大学生的专业创新素质状况总体上是好的，但也存在一些不容忽视的问题。由于长期处于"填鸭式"的教育模式和被动式的学习模式之下，相当数量的大学生仍然习惯于传统的基础理论知识学习，而不习惯于自主的实践动手能力训练，因而，不少大学生的基础理论知识虽然比较扎实，但缺乏创新意识、创新精神和创新能力，遇到实际问题时往往束手无策，不能很好地将理论知识与实际应用结合起来，实践动手能力较差，解决实际问题的能力也不强。因此，切实采取各种有效措施来提升大学生的专业创新素质，包括专业素质、学习素质、信息素质、创新素质、职业素质，已经成为摆在高校师生面前的一项十分艰巨的重要任务。

三、大学生素质教育的基本问题

本节着重就大学生素质教育的内涵、结构关系、制约因素、改进措施这四个问题进行一些探讨分析。

(一)大学生素质教育的内涵

我国实施素质教育是从基础教育开始的，因而只要提到素质教育，一般多指基础教育领域的素质教育。素质教育作为根据社会发展需要，帮助受教育者完善自我、提高综合素质、实现个性充分自由发展的教育，同样适用于高等教育。素质教育应当贯穿于幼儿教育、基础教育、成人教育、高等教育等各类各级教育，也应当贯穿于学校教育、家庭教育和社会教育等各个方面。

素质教育在不同阶段和不同方面应当有不同的内容和重点，并应做到相互结合、全面推进。大学同样是实施素质教育的重要阶段，和中小学素质教育一样，大学生素质教育也是人们在不断探索和实践的时代课题。成功的高等教育必须真正提高大学生的综合素质，培养出适应时代发展的高素质人才。

事实上，大学生素质教育与中小学生素质教育既有区别又有联系。因而，大学生素质教育的内涵既具有素质教育内涵的普遍性，又具有其自身内涵的特殊性。

大学生素质教育也遵循素质教育的三大要义：一要面向全体大学生；二要促进大学生德、智、体、美、劳全面发展；三要促进大学生主动发展。

大学生素质教育也要通过科学的、有效的教育途径，充分发挥大学生的天赋条件来提高其综合素质水平，同时在某些基本不具备天赋条件或者在心理和能力上有缺陷的方面，通过教育、实践、锻炼来培养、提高其该方面的素质水平。

大学生素质教育也要全面贯彻党的教育方针，以落实立德树人根本任务，以培养大学生的创新精神和实践能力为重点，造就"有理想、有道德、有文化、有纪律"的德、智、体、美、劳全面发展的社会主义建设者和接班人。

大学生素质教育的重点是：一要培养大学生以创新意识、创新精神和创新能力为核心的创新素质；二要培养大学生以自主学习能力、自我学习能力、创新学习能力为核心的学习素质；三要培养大学生以心理承受能力、抗挫折能力、乐观处世能力为核心的健康素质；四要培养大学生以国际交流能力、人际交往能力、团结协作能力为核心的职业素质；五要培养大学生以信息意识、信息获取能力、信息处理能力为核心的信息素质。

大学生素质教育要致力于大学生四大能力的培养：一是学会求知的能力，

即掌握认识世界的工具和掌握广博与专精结合以及由博返约的自主学习能力；二是学会做事的能力，即既有实际动手操作和处理信息的能力，又具备在复杂环境条件下运用知识解决问题的能力；三是学会共同生活的能力，即在承认多元化社会和尊重多样化价值观的现实基础上，增进相互了解、理解和谅解，学会在竞争中合作，在合作中竞争的能力；四是学会生存与自我发展的能力，即充分发展个性，增强自主性、能动性、创造性和责任感，学会适应环境求生存，改造环境求发展的能力。

综上所述，我们把大学生素质教育的基本内涵界定为：以全面贯彻党的教育方针为宗旨，以大学生的个体发展和社会发展为目标，以培养创新精神和实践能力为重点，利用各种有利环境和条件，通过多种有效方法和途径，引导全体大学生积极主动、最大限度地开发自身的潜能，完善知识结构，提升综合素质、提高可持续发展能力，成为"有理想、有道德、有文化、有纪律"的德、智、体、美、劳全面发展的社会主义事业合格建设者和可靠接班人。

(二) 大学生素质教育的结构与关系

大学生素质教育的结构既有素质教育结构的普遍性，又有其自身结构的特殊性。

根据大学生素质结构的特殊性，大学生素质教育主要体现为大学生素质教育体系是由大学生身心健康素质教育、思想道德素质教育、科学文化素质教育、专业创新素质教育四大功能模块相互支撑，政治素质教育、思想素质教育、法律素质教育、道德素质教育、科学素质教育、文化素质教育、身体素质教育、心理素质教育、专业素质教育、学习素质教育、信息素质教育、创新素质教育、职业素质教育这13种素质教育有机结合的复杂系统工程。

在大学生素质教育的四大功能模块中，身心健康素质教育是前提，科学文化素质教育是基础，思想道德素质教育是核心，专业创新素质教育是关键。在思想道德素质教育功能模块中，思想素质教育是基础，政治素质教育是核心，法律素质教育是重点，道德素质教育是关键；在科学文化素质教育功能模块中，文化素质教育是基础，科学素质教育是核心，科学素质与人文素质相结合的教育是关键；在身心健康素质教育功能模块中，身体素质教育是基础，心理素质教育是核心，身体素质与心理素质相结合的教育是关键；在专业创新素质教育功能模块中，学习素质教育是前提，信息素质教育是载体，专业素质教育是主体，创新素质教育是关键，职业素质教育是重点。

（三）制约大学生素质教育的因素

社会主义市场经济体制的建立与逐步完善和现行教育制度之间的矛盾随着社会经济的发展进一步显露，高校教育观念与知识经济时代的人才需求标准还有一定差距，这些都影响着大学生世界观、人生观、价值观的形成，对大学生的自身发展有一定的限制。具体分析，有以下几个方面的原因。

1. 我国原有的教育体制制约着素质教育的实施

大学生即将面对的是一个需要有创新意识、一定专业技能的高素质人才的知识经济社会，而传统的教育体制要求大学生首先要通过各种考核，这就使得他们必须先去应付考试，无形之中产生了一部分高分低能的"优秀"人才；但步入社会之后，却连一些最基本的问题也解决不了，不论是对用人单位，还是大学生本身，都是一个不小的打击，以至于大学生对学校的教育或多或少地产生了怀疑，挫伤了其学习的积极性和主动性。

2. 市场经济的一些消极因素对素质教育产生了负面影响

市场经济提倡个性化发展，使得大学生的个人主义观念有所抬头，影响了他们对客观事物的判断。社会经济快速发展以后，家庭、学校以及大学生经常接触的环境都发生了很大变化。由于大学生本身条件的制约，他们对外来物质利诱的抵抗力是有限的，在潜移默化中其价值观念也会发生变化。

3. 大学生对素质教育的内涵还不完全清楚，缺乏参与意识

部分大学生没有明确的学习目的，也就没有了动力。在校大学生因忙于专业知识学习，用于提高自身素质的时间相对较少，以至于对素质教育的知识了解甚少，不知道应该怎样参与。学校素质教育环境不完善，也制约了大学生对提高自身素质的参与意识。上述这些因素综合作用，导致目前大学生参与素质教育的积极主动性较差。

4. 大学生对传统的"课堂说教"有抵触情绪

大学生正处于人生中的第二个"心理断乳期"，对所面临的事物一般持批判怀疑态度，具体表现为在遇到重要事情和想说知心话时，找朋友诉说的较多，对老师和家长的信任度有所下降。这除了大学生的自身原因外，还与个别家庭和教师的教育方式不当有很大关系。

5. 学校的育人环境仍需继续改善

多年来形成的教育观念认为，加强大学生素质教育仅仅是思想政治教育工作者的职责，与其他专业教师和行政人员无关。但在实际教学与生活中，这些教师和行政人员的言行举止对大学生的行为影响也不容忽视。因此，坚持教书育人、为人师表应当是对学校每个教职员工最基本的要求。

（四）加强大学生素质教育的对策措施

根据大学生素质状况的调查分析结果、大学生素质教育需求的调查分析结果、制约大学生素质教育因素的调查分析结果，我们认为，需要采取以下对策措施来进一步加强和改进大学生素质教育工作。

1. 进一步提高对新形势下大学生素质教育的重要性、必要性和紧迫性的认识

全面推进素质教育，大力提高全民族的素质，培养具有创新精神和实践能力的优秀人才，是全面推进现代化事业的必然选择，也是中华民族屹立于世界民族之林的根本保证。大学生素质教育本身所具有的复杂性特点，决定了它是一项长期性的工作，必须常抓不懈。在当前复杂的国际环境和社会大变革的时代条件下，只有坚持贯彻落实素质教育这一战略性教育方针，才能及时排除和战胜不正确因素的干扰，才能保证国家的路线、方针、政策落实到基层，才能保障社会主义现代化建设事业顺利进行。高等院校作为培养知识经济时代高素质人才的重要基地，必须从战略的高度和长远的角度出发，从思想上充分认识到加强大学生素质教育的重要性、必要性和紧迫性。

2. 坚持教师素质与学生素质共同提升，全面深入、有效地推进大学生素质教育

任何教育改革都是对实施改革的人的素质的重构，而教育改革的成败最终取决于全体教师的态度。事实上，只要教育存在，教育者自身的素质问题就始终存在，没有高素质的教师就很难培养出高素质的学生。要增强大学生的素质，就必须同步增强教师的素质。

首先，要从加强师德建设入手，全面提高教师队伍的整体素质。应当把师德建设放到一个更加突出的位置，要引导教师自觉履行其职责和义务，树立正确的教师道德观、素质教育观、教育质量观、教育价值观，要引导教师热爱学生、热爱教育、严谨治学、为人师表、教书育人。

其次，要从加强教学研究入手，全面提高教师队伍的整体素质。应当把开展教学研究作为一项重要工作来抓，要引导教师研究素质教育理论、探索素质教育方法、拓展素质教育途径，并将素质教育研究成果应用于素质教育实践之中，以此推进素质教育的有效开展。

再次，要从加强教学技能入手，全面提高教师队伍的整体素质。应当把教师技能培训作为一项重要工作来抓，要引导广大青年教师潜心教学实践、积累教学经验、讲求教学艺术、改进教学方法、提升教学技能，努力培养学生的自主学习能力、信息获取能力、实践动手能力和创新创业能力。

最后，要从推进全员育人入手，形成推进素质教育的强大合力。要充分发挥专业课教师、思想政治理论课教师、辅导员和班主任在大学生素质教育中的指导作用。在实际教学中，要将这三支教学力量有机结合起来，切实承担起教书育人、管理育人、服务育人的光荣使命，把"传道授业解惑"的职责不仅体现于专业知识的传授，也体现在思想道德的引导上，使学生在搞好学业的同时积极参与各种活动，提高他们的综合素质。

3. 坚持科学素质与人文素质同步提升，促进大学生科学精神与人文精神的融合

科技与文化是现代社会文明的两大象征，是现代大学赖以生存与发展的两根支柱。现代大学必须实现由以科学教育为主向科学教育与人文教育相互融合的战略转变，以不断适应素质教育的现实要求。

没有科学技术的进步，人类将处于愚昧落后的状态；而仅有科学技术却没有人文素养，人类将处于精神缺失的状态。高校的分科教育不应当使学生精于传统而疏于现代，也不应使学生精于科技而荒于人文，而应当使科学教育与人文教育相互结合、科学知识与人文知识相互补充、科学精神与人文精神相互融合、科学素质与人文素质同步提升。

4. 坚持传统素质与现代素质综合提升，促进大学生综合素质的有效增强

以往把大学生的素质划分为政治素质、业务素质两大类，明确"又红又专"的人才就是全面发展的高素质人才。随着时代的发展，一些有助于人们在现代社会生存与发展的其他素质（如信息素质、创新素质、竞争能力等）必须得到足够的重视，从而使传统的素质标准得到丰富和发展，形成现代的素质标准。根据大学生素质教育的内涵、结构与要求，我们必须坚持传统素质与现代素质综合提升，促进大学生综合素质的有效增强。

为此，我们既要高度重视大学生政治素质、思想素质、道德素质、科学素质、文化素质、专业素质、身体素质的教育，也要高度重视其心理素质、学习素质、创新素质、职业素质、生活素质的教育，特别要高度重视大学生法律素质、信息素质、语言素质、交往素质的教育，从而实现传统素质与现代素质的综合提升。

5. 坚持第一课堂教育与第二课堂教育的同步开展，扎实推进大学生素质拓展计划

长期以来，大学教育侧重第一课堂教育，而对第二课堂教育重视不够。而全面推进大学生素质教育需要第一课堂教育与第二课堂教育同步开展。而且，从某种意义上说，大学生的综合素质更需要通过第二课堂教育来得到有效增强。大学生第二课堂教育的主要形式就是全面系统地实施大学生素质拓展

计划。

大学生素质拓展计划的基本内容是：以增强大学生综合素质为着眼点，以开发大学生人力资源为着力点，进一步整合深化第一课堂教育活动以外的有助于大学生提高综合素质的各项活动和工作项目，在思想政治与道德修养、社会实践与志愿服务、科学技术与创新创业、文体艺术与身心发展、社团活动与社会工作、技能培训与勤工助学等方面引导和帮助广大大学生完善智能结构、全面成长成才。

大学生素质拓展计划的实施原则是注重课内课外相结合、第一课堂与第二课堂相结合、学习与实践相结合。

大学生素质拓展计划的实施方式是围绕职业设计指导、素质拓展训练、建立评价体系、强化社会认同等环节，通过教学、课堂、讲座、活动、项目等丰富多彩的方式开展。

大学生素质拓展计划的实施优势是思想政治工作优势、共青团组织优势，学生干部队伍优势、活动项目优势、教育阵地优势。

我们相信，只要上述对策措施落实到位，大学生素质教育就一定能够开创新局面，大学生综合素质一定能够得到有效增强。

第三节 素质教育与人的全面发展

马克思主义中人的全面发展指的是社会每个成员的全面的、充分的、自由的发展，它包括人的志趣、道德、情操、审美以及其他精神领域的多方面的、完善的发展，也包括从事智力和体力活动的各个方面能力的全面发展。

素质教育概念的提出极大地冲击着传统的教育观念，为中国的教育，首先是基础教育的改革与发展注入了强大的生命力。

一、面对未来的挑战

21世纪为深入展开的全球范围的新科技革命的时代，无疑将会更加深刻地改变人类的物质生产和精神生产领域。对此，美国未来学家、《第三次浪潮》的作者阿尔文·托夫勒从一个侧面描述了未来这场新的全球性技术革命的特征：①信息化特征；②知识化特征；③分散化特征。在这场世界性的新科技革命中，人类无疑正面临着空前的发展机遇，同时又面临着前所未有的挑战。在未来社会，每个人都将面临如何生存的挑战。显然，缺乏知识、技能或不能不断更新知识、技能的人是没有竞争力的。

二、克服人类的差距

消除人类差距的最好途径是学习。为消除人类的差距，必须强调包括物质技术和精神道德两个层面的学习，使人们从学习中获得在一个变迁世界中必须具备的新思想、新观念、新态度、新技术、新方法，这是人类适应和应对未来冲击的先决条件。人类只有努力改造自身，克服因社会日趋复杂化所产生的差距，才能克服当前存在的种种矛盾，从容地迎接未来的种种挑战。

三、面向未来的教育体系

1972 年，联合国教科文组织在对世界各国教育考察的基础上，提出了一份具有划时代意义的教育报告——《学会生存——教育世界的今天和明天》。该报告向全世界教育机构发出警告：明天的文盲将不是目不识丁的人，而是不知道如何学习的人。

国际 21 世纪教育委员会于 1996 年向联合国教科文组织提交的报告《教育——财富蕴藏其中》曾做了更加明确的表述，即"教育应围绕四种基本学习加以安排"。这四种学习将是每个人一生中的知识支柱，它们是：①学会认知；②学会做事；③学会共同生活；④学会生存。这四种基本学习能力无疑是人们赖以应对未来挑战所必须具备的基本素质。因此，围绕这四种基本学习能力所展开的教育，其实就是我们所说的素质教育。

素质教育是全面发展教育的深化，集中体现在强调发掘人自身潜在的对发展有利的因素，并使这些因素的组合逐渐扩展和完善，即侧重于从人的素质出发，实现人的素质结构的优化和素质整体性发展。素质教育的意义正在于强调素质的结构化和教育过程的整体化，倡导的是和谐发展而非均衡发展，即强调德、智、体、美、劳要素的优化组合，使之结构化，并承认学生的素质结构的差异，注重发现并挖掘其潜能优势，以借助这种优势侧面去求得教育目标的落实。在促进学生和谐发展的过程中，素质教育特别重视心理素质的作用。

素质教育在强调全面整体育人观的同时，突出强调优化人的素质结构，促使各种素质的和谐发展；注重潜能的开发，促进学生的个性发展，并通过潜能优势的发挥带动整体素质的提高，实现个性与共性的统一。显而易见，这是对全面发展教育思想的深化与发展，并且也为全面发展教育思想的具体落实提供了更为有效的行为模式。正是在这个意义上，素质教育的提出绝非全面发展教育的简单重复。

第二章 大学生综合素质教育

第一节 大学生综合素质教育的内容

一、人文教育

(一)人文教育的含义

从概念上讲，可以这样认为，人文就是人类文化中的先进部分和核心部分，即先进的价值观及其规范。其集中体现的是尊重人、重视人、关心人、爱护人。简而言之，人文就是重视人的文化。为了解说"人文"，作家梁晓声曾经讲过一个故事：

在法国，梁晓声跟两个老作家同去郊游。那天，刮着风，飘着雨，前边有一辆旅行车，车上有两个漂亮的法国女孩，不断地从后窗看他们的车。前车车轮滚起的尘土扑向他们的车窗，加上雨滴，车窗被弄得很脏。他们的车想超过，但是路很窄，梁晓声问司机："能超吗?"司机说："在这样的路上超车是不礼貌的。"正说着，前面的车停了下来，下来一位先生，对他们的司机嘀咕了几句，然后回到车上，把车靠边，让他们先过。梁晓声问司机："他刚才跟你说什么了?"司机回答，他说："一路上，我们的车始终在前面，这不公平!车上还有我的两个女儿，我不能让她们觉得这是理所当然的。"梁晓声说，就这句话，让他羞愧了好几天。

"人文"并不晦涩，它的实质就是一种根植于内心的修养，一种无需他人提醒的自觉，一种以承认约束为前提的自由，一种能设身处地地为别人着想的善良。

《辞海》上说："人文指人类社会的各种文化现象。"我们知道，文化是人类，或者一个民族、一个人群共有的符号、价值观及其规范。符号是文化的基础，价值观是文化的核心，而规范包括习惯规范、道德规范和法律规范等。各种文化现象包括了先进的和落后的、科学的和愚昧的、优秀的和劣质的、健康的和病态的。而我们现在所说的人文，指的是先进文化中的核心和主要内容——先进的价值观及其规范。人文的核心是"人"。以人为本、关心人、爱护人、尊重人，这就是我们常说的人类关怀、生命关怀。

从文艺复兴的历史看，人文应该是重视人的文化。通常，我们习惯把理科和工科以外的学科称为人文学科，其实这并不准确。知识大体可以分为科学和技术、文学和艺术、哲学和宗教三大部分。科学和技术是讲客观、规律和理性的，文学和艺术则主要是讲主观、情感和感性的，而哲学和宗教则主要是讲人文的。而且，这种人文知识、人文思想、人文精神大量地渗透在文学和艺术之中，甚至大量地产生于文学和艺术之中，也渗透在社会科学之中。所以，人们往往把文学和艺术，甚至社会科学看成是人文学科。其实人文精神也渗透在自然科学和技术之中。

人文分为人文知识和人文精神。人文知识是《庄子》说的"知道"，人文精神是《庄子》说的"体道"。"知道"者与"道"为二，"体道"者与"道"为一。所以，人文的本质是人文精神，而非人文知识。

(二)人文科学

人文科学原指同人类利益相关的学问，有别于中世纪教会中占统治地位的神学。后来几经演变，人文科学包括了哲学、历史学、文学、美学、伦理学、宗教学、人类学、心理学等方面的学科。人文科学的研究对象是人的精神世界，研究内容根源于人的精神所需要的价值观。如果说自然科学强调的是"是什么"的客观陈述，那么人文科学则注重"应当是什么"的价值内涵。人文科学引导人们思考人生的目的、意义和价值，追求人的全面发展。人文科学没有直接的功利性，它的功能是教化。它作用于人的情感状态，在潜移默化中改变人的价值观念，影响人的情趣和气质，并激发人的创造潜能。

人文科学是科学的第三大形态，具有既不同于自然科学，又区别于社会科学的一些特点，主要包括它在"认识出发点上的以人为中心""认识对象上的虚实结合""认识结论上的非确定性""认识方法上的不拘于理性"和"认识成果上的民族差异"。

自然科学包括数学、物理学、化学、生物学、矿物学等学科，属于事实认识，追求的是自然真理；人文科学在很大程度上则属于价值认识，追求的是人的价值真理，因而它在认识与实践中显示出了突出的"理解性、表现性和超现实性"品格。

社会科学是指以社会现象为研究对象的科学，如政治学、经济学、军事学、法学、教育学、文艺学、史学、语言学、民族学、宗教学、社会学等，其任务是研究并阐述各种社会现象及其发展规律，是比较典型的实证性科学，往往倚重于实践和案例；人文科学往往诉诸个人和社会的反思，属于评价性的学问。二者都与人类的教养和文化、智慧和德行有关，其区别在于人文科学直接研究人的需要、意志、情感和愿望，强调人的主观心理、文化生活等个性方面；社会科学强调人的社会性、关系性、组织性、协调性等共性方面。

人文科学以人的精神世界为研究对象，从而形成了与自然科学、社会科学不同的基本任务。正是在这些基本任务上，人文科学进一步显示出自身的特质。

1. 人文精神

人文素养的最典型标志是人文精神。人文精神泛指人文科学体现出的对人类生存意义和价值的关怀，其核心是以人为本，以人为中心，以人性、人文理念来观察人类社会的发展以及社会上人和人在成长发展中人际关系的方方面面。人文精神的宗旨在于从根本上激发人的自尊、自重、自爱、自强，以及人们看重的人生追求和人生价值。人文精神追求人生美好的境界，推崇感性和情感，注重想象性和多样化的生活，使一切追求和努力都归结为对人本身的关怀。人文精神概括并包容了科学精神、艺术精神和道德精神，是达到人与自然和谐、人与社会和谐、人与人和谐以及人身心和谐的有力的行为保证。

人文精神的含义比较复杂，具体表现在以下四个方面：

——人与自然。保护自然，保护环境。

——人与社会。注重社会群体的长远利益，强调个人的社会责任。

——人与人。相互合作，社会关怀，同情弱者。

——人格发展。知、情、意平衡发展。

人文精神实质上是一种自由、自觉、批判的精神，它以包容性、开放性、批判性、创新独立性为基本特征，崇尚人格独立、精神自由、社会责任，守护人类优秀的文化传统与精神资源。

2. 人文教育

人文教育，简单地说是做人的教育。教育和训练有所不同：训练是传授某种技艺，教育则是培养人的某种精神品质。

从小学、中学直到大学，一个人所要完成的不只是知识性的系统的学业，更重要的是拥有健全而有益于社会的必备素质。这个素质的核心是精神及人文精神。具体到个人，表现在追求、信念、道德、气质和修养等各个方面。因此，没有人文精神的教育，是残缺的、无灵魂的教育。任何知识如果只有专业目标，没有人类高尚的追求目标和文明准则，非但不能造福社会，往往还会助纣为虐，化为灾难。反过来，自觉而良好的人文精神的教育，则可以促使一个人心胸远大、富于责任、心灵充实、情感丰富而健康。

我们国家历来就是人文大国，有着悠久的人文教育传统。古人云："刚柔交错，天文也；文明以止，人文也。关乎天文，以察时变；关乎人文，以化成天下。"这一传统绵延了几千年，从未中断。现在我们更应该重视人文科学的教育，高扬人文价值。要形成这样的理念：不学习人文科学就是不懂得什么是真正意义的人，不具备人文精神就不会成为一个有价值、有理想的人。

人文教育是通过优秀的人文文化实现的，而优秀的人文文化则是在历史的长河中通过不断的积累、提炼和升华而逐渐形成并随着人类社会的发展而发展的。在当今时代，以优秀的人文文化来武装学生的头脑、陶冶学生的身心具有如下重要的意义和作用。

(1)通过人文教育，能够丰富学生的精神世界

建设中国特色社会主义，实现中华民族伟大复兴，需要全社会共同培育起一种强大的民族精神以增强我们的精神竞争力，这是克服腐朽、消极的人生观和价值观，推动我国社会全面进步与发展的重要法宝。因此，通过加强人文教育，可以直接或间接地丰富学生的精神世界，培养学生对世界、对民族和社会、对人生的理性认识，从而大大增强我们的精神力量。这对于推动民族凝聚力和向心力的形成、增强我国的综合国力必将起到积极的作用。

(2)通过人文教育，有助于培养学生的人文精神

人文精神是人类为争取自身的生存、发展和自由，以真善美的价值理想为核心，不断追求自身解放的一种自觉的文化精神。人文精神是人类社会发展的强大精神支柱，是民族精神守护的不朽长城。与强调知识和科学本身价值的理性精神不同的是，人文精神强调追求、运用知识时的良知、责任感和价值观，而这恰恰是保障社会全面健康发展的重要因素。通过加强人文教育，不断将人类优秀的文化成果内化为学生相对稳定的内在品质，这是培养其人文精神的关键环节。

(3)通过人文教育，可以提升学生的情感智慧

情感智慧主要是指个人对自己情绪的把握和控制、对自己情绪的揣摩和驾驭，以及对人生的自我激励、面对挫折的承受能力和人际交往技能等，它反映的主要是人的心理素质的核心内容，或者说它主要是把对人的素质要求的某些方面更加具体化了。从某种意义上讲，情感智慧对人的成功起着决定性的作用。而人文科学，尤其是优秀的文学艺术作品本身就是把无形的内在情感变成

了可供人感知、观赏的东西。因此，通过加强人文教育，促使情感智慧的提升意义重大。

（4）通过人文教育，能够帮助学生获得全面发展

针对当今世界普遍存在的重科技、轻人文的倾向，加强人文教育将在很大程度上克服由于职业教育过于专门化所造成的科学与人文的分裂，改变各类人才的"单向度"倾向，从而使每一个学生得到全面的发展。

当前，人文教育已经成为学生素质教育不可缺少的重要组成部分，它与政治教育、科学教育以及健康教育等同等重要。可喜的是，一些高职院校已经在尝试采用多样化的方式进行人文教育，如开设人文讲堂、建立各种艺术组织与文化中心、开展校内外济困扶危的公益活动、招募志愿者参与社会实践等，旨在拓宽学生的精神视野、关切社会难点、提高心灵修养与审美素养，同时深化校园里崇尚精神的人文氛围。因此，我们应该全面认识人文教育的重要意义和作用，不断实践，努力探索，推动人文教育不断向前发展。

总之，学习人文知识的过程就是接受人文教育的过程，接受人文教育的过程就是不断孕育和提升人文精神的过程。我们应该自觉主动地学习、获取人文知识，并不断将人文知识内化、升华为人文精神，提升自己的人文素养。

（三）人文教育的功能

人文和人文精神是人类社会实践的产物，又反过来对社会实践产生重大影响。可以说人文精神是改造世界的一种巨大力量，具有多方面的作用和功能。人文教育对大学生的综合素质教育有着重要的作用：

1. 教化功能

《白虎通义》里说："学之为言觉也，以觉悟所不知也。"韩愈在《师说》中也说："师者，所以传道授业解惑也。"这二者的结合，便是教化功能的全部含义。其二是作为教师要传道、授业、解惑，使得学生能理解并掌握知识，学会做事。孔夫子做出了很好的榜样，他以"六艺之教"，让学生学到基本的知识和技能，又以"文、行、忠、信"四教来教育学生，使其既会做事又会做人，这其中所贯穿的就是人文素养与人文精神。

2. 凝聚功能

人文精神能使一个社会群体中的人们在同一理念或者思维模式中得到熏染，并产生一种认同感，从而形成一种巨大的凝聚力。这在一个国家、一个团体中均可以看到。我们中华民族历经千年沧桑磨难而未分裂、未泯灭，靠的就是中华民族所特有的那种人文精神所产生的巨大凝聚力。

3. 激励功能

人文精神的主流精神是刚强有力、自强不息。这种精神一直激励着无数仁人志士和整个中华民族历经艰难险阻而不畏，历经风暴摧残而不折，一直奋发向前，昂扬向上，使得志士们在困难中崛起，创造出无数彪炳史册的英雄伟业，使得中华民族历经千年风雨而巍然屹立于世界民族之林，且日趋强大辉煌。

4. 调控功能

人文精神是人和人之间的伦理精神。它要求社会群体中的每个成员都必须遵守某一行为准则和道德规范，从而形成一定的社会规范，使人们明是非、辨善恶、守规则，并趋向某种价值观、审美观，以保证社会或某种团体在一定秩序中运行发展。原始社会靠巫术、图腾、传统的道德观念和宗法观念来调控。进入阶级社会以后，国家产生，一方面靠法律规则，另一方面则要靠人文精神、道德法规来调控。在当代，则有体现时代特点的新的人文精神和道德规范在整个社会和团体中进一步发挥调控作用。但中华民族在长期发展中形成的优秀的人文精神传统仍然应该得到继承和弘扬。

人文精神不仅是精神文明的主要内容，而且影响到物质文明建设。它是构成一个民族、一个地区文化个性的核心内容，是衡量一个民族、一个地区文明程度的重要尺度。一个国家的国民人文修养的水准，在很大程度上取决于国民教育中人文教育的地位和水平。

新时期的人文建设就是要实现在市场经济体制下公民道德的重整、在社会主义现代化进程中人文精神的重振，人文精神突出了对人的尊重、对人格的尊重，同时也突出了对"做什么样的人"和"怎样做人"的关注。推进人的全面发展，同推进经济、文化的发展和改善人民物质文化生活是互为前提和基础的。人越全面发展，社会的物质财富就会创造得越多，人民的生活就越能得到改善。而物质文化条件越充分，就越能推进人的全面发展。因此，人的发展既是社会发展的一个重要组成部分，也是社会发展的最终目标，而社会的发展又是实现人的发展的途径。

我们所倡导的人文精神，无论是道德和心理层面上的感情、意志、行为规范、审美情趣，政治层面上的热爱祖国、热爱人民、热爱中国共产党、热爱社会主义，还是哲学层面上的正确科学的世界观和方法论，都是做人的基本准则，都是国民素质的重要组成部分。

我们倡导人文精神，固然应当借鉴西方人本主义中体现出的积极思想，但是更应该高度重视我国传统文化的精神价值。

人文精神其实就是一种自由的精神、自觉的精神、超越的精神，它标志着人对事、对自然的超越。我们所生活的世界，本来就是一个充满缺陷的世界；我们所拥有的人生，本来就是一个充满缺陷的人生。正是生活中的缺陷，才构成了理想中的希望，才产生了人生旅途中追求的兴致。面对种种困难、问题和缺陷，我们不应该怨天尤人、无所作为，而应该努力克服、解决和弥补，其过程就是发扬人文精神的过程，也是感受人生趣味和实现人生价值的过程。

二、国防安全教育

一个国家，其公民安全意识的高低事关整个国家的安全与否。作为国家高层次人才主体的大学生，其国家安全意识的强弱，对国家的安全有着更直接的影响。"国家兴亡，匹夫有责。"国家的伟大复兴和强盛需要人才的支撑。梁启超曰："故今日之责任，不在他人，而全在我少年。少年智则国智，少年富则国富，少年强则国强，少年独立则国独立，少年自由则国自由，少年进步则国进步，少年胜于欧洲则国胜于欧洲，少年雄于地球则国雄于地球。"我们高校中数以千万计的大学生是担负祖国强盛这一历史使命的主力军，是未来社会先进文化、先进生产力和社会新道德建立的中流砥柱。维护国家安全，建立强大中国，责无旁贷，责任重于泰山。"生于忧患，死于安乐"，一支没有忧患意识的军队是注定要被消灭的，一个没有忧患意识的民族是注定要被侵略的，而一个没有忧患意识的高校大学生更是不适应21世纪经济社会竞争和中国国防安全需要的。

在过去的三十年中，我国的经济发展取得了长足进步，国防现代化是经济安全稳定发展的前提，失去了国防现代化，经济发展的成果则随时都有可能被别人剥夺的。因此，加强对全体人民特别是作为国防后备力量的当代大学生的国防教育就成为大学生素质教育的重要方面。

国防教育的核心是爱国主义教育，而爱国主义是国民所必须具备的最基本、最重要的道德规范。国防教育的内容关系到国家的安全防卫问题，它与国家的安危和人民的根本利益密切相关。这样事关国家、民族的荣辱兴衰、生死存亡的大事，最能在大学生中引起强烈的心理共鸣，从而激发出其强烈的爱国热情，因而国防教育本身就是爱国主义教育的重要载体，也是培养大学生思想道德素质的有效方法。另外，国防教育有利于促进大学生智育的发展。新时期高校智育工作的一个重要方面就是"激发创新意识、培养创新能力"，而国防教育对于促进这种意识和能力的培养具有重要的作用。

现实中，大学生对国家安全也存在着一些模糊的认识。比如：一些大学生对国家安全还停留在军事、战争、国防、领土、情报、间谍这样一些传统的、局部的认识上，缺乏对国家安全既包括国土安全、主权安全、政治安全、经济安全、国防安全、国民安全等传统内容，也包括文化安全、科技安全、金融安全、信息安全等非传统内容的认识与理解。

俗话说："国无防不立，民无兵不安"，国防是国家生存与发展的安全保障。当今世界风云变幻，虽然和平与发展已成为世界的主流，但是各个国家和地区之间的矛盾仍然存在，民族冲突不断，世界并不安宁。无论是为了确保国家的内政不被干涉、主权不被侵犯、领土不被分割，还是实现祖国统一，促进国家的长治久安和人民的安居乐业，都不能没有强大的国防。加强国防教育、增强国防意识、树立报效祖国的意识、培养保卫祖国的强大后备军，是学校德育工作的主要内容之一，也是爱国主义教育的重要组成部分。国防教育不仅涉及人才培养、素质养成、思想觉悟的提高，而且直接关系到国家的兴亡、社会的发展乃至民族的昌盛。

我国从1985年开始在部分高等院校试行国防教育，设立军事理论课。经过近40年的实践，这项重大举措受到普通高校的关注与欢迎，若干非试点院校也纷纷创造条件，开设了国防教育课程。国防教育开始深入各大高校，成为大学生的一门必修课，而且也取得了显著的效果。面对新的形势，国防教育目前仍然存在着一些问题，从而影响了高校国防教育工作的深入发展。

国防教育是增强大学生国防意识、提高其公民素质的根本途径，是培养大学生国防精神、提高其政治素养的重要载体，是影响大学生行为规范、培育其公德素质的核心内容，是增进大学生体质、促进其全面发展的重要举措，是锻造大学生坚强意志、培养其健康心理素质的重要保证，是拓宽大学生知识结构、提高其智力素质的重要补充。因此，在高校开展国防教育，应该与时俱进，不断拓宽国防教育的形式，不断深化国防教育的内容，不断巩固国防教育的成果。

（一）拓宽国防教育的形式

在普通高等学校主要开展以军事技能训练和军事理论课教学为主要形式的国防教育。国防教育作为本科生的一门必修课，其重要性不言而喻。为了取得应有的效果，在高校开展国防教育，应该与时俱进，不断寻求新的教育方式，采取多种多样的教育形式，真正发挥国防教育的作用。

1. 国防教育应实行经常性教育

国防教育是一项长期的战略任务，单靠上几节教育课和听几次报告是远远不够的，必须在广泛、深入、持久上下功夫。在高校开展国防教育工作，要将其融入日常生活中，不定期地、经常地开展工作，以实现国防教育的经常性，让学生形成一种学习国防知识的惯性，从而在潜移默化中实现国防教育的目的。通过利用校园内的宣传栏、报刊栏、广播站、计算机网络、电视等设施，充分开发校园的文化资源，推动国防教育活动的开展。高校各院系都有自己的各种宣传设施，这就为经常开展国防教育活动提供了一个广阔的场所，各院系可利用宣传栏开辟"国防园地"专栏，根据国内、国际发展形势，及时向广大学生宣传国防知识、国防法规等。目前，宣传国防的报刊已不少，有《国防报》《国防教育报》《国防》杂志等，各高校可订阅这些报刊，并利用报刊栏向学生宣传，对其进行教育；还可以利用校园广播、计算机网络、电视的教育和导向作用把爱国主义和反映社会主义先进文化的国防精神作为宣传的主旋律，向广大学生不时地宣传我国的国防战略方针，实时报道国内国际形势。

2. 国防教育应采取集中性教育

集中性教育的主要途径是通过与学生军训结合，集中系统地学习军事发展史，有助于其树立正确的国家观、战争观；学习古代军事思想和外国军事思想；学习我军军队发展的光辉历史，有助于学生继承和发扬我党我军的优良传统，培养他们爱党、爱军、爱国的情感；学习我国的国防史，可以让学生吸取历史教训，从而增强国防观念，培养抵御外侮、维护国家尊严和统一的高尚情操。实践证明，在大学新生入学之际，结合军事训练对他们进行集中性的国防教育，对提高大学生的综合素质能起到积极的促进和强化作用。

3. 国防教育应借鉴多媒体教育

在高校开展国防教育，我们应与时俱进，充分利用网络教学资源，采取多媒体教育的方式，对学生进行多方位、多视角的教育。网络上各种国防教育门户网站有着丰富的国防教育资源，当代大学生又对网络相对依赖，新颖的网络教育方式很容易吸引他们的注意力，为他们提供一个学习国防知识的新平台。学校在开展国防教育的过程中，应积极利用信息网络搞好国防教育。线上形式：在学校网站上开辟国防教育专栏，及时发布国防信息；线下形式：播放爱国主义教育影片，举办电影展等。通过开展形式多样的宣传活动，不断拓宽学校国防教育的形式，增强教育效果。

(二)深化国防教育的内容

国防教育是在全国公民中长期开展的一项重要的教育活动。它既不同于一般的时事政策教育，也不同于专门的学校教育，有着自己独特的符合时代要求的教育内容。在新时期、新阶段，为深化国防教育，应采取三个结合：国防教育与学生军训相结合、国防教育与征兵宣传相结合、国防教育与学生社团活动相结合。

1. 国防教育与学生军训相结合

军训作为特殊的教育形式具有其特殊的教育功能，为此学校在学生军训中，始终要把国防教育和军事训练有机地结合起来，充分发挥军训的特殊功能：一是发挥部队的示范作用。军训由部队派出的官兵担任教官，教官的军人气质、军人作风、高尚情操和道德品质，武装警察部队的爱国情怀和集体主义传统是大学生接受国防教育的直接材料。二是发挥文化生活的鼓动作用。为丰富大学生的文化生活，调动大学生参训的积极性，可在军训期间把文化娱乐活动贯穿于军训全过程。

2. 国防教育与征兵宣传相结合

从高等院校中征集优秀大学生入伍参军，已经逐渐成为部队征兵的主要形式。随着时代的发展，部队对人才的要求也越来越高，从大学生中征集高素质的人才已经成为一种趋势。入伍参军，成为英勇战士的一员，是直接参与国防的方式。对征集大学生入伍的宣传，可以激发广大大学生的爱国热情，培养其爱国情操，从而达到国防教育的目的。在征兵活动中，广泛进行征兵宣传，邀请上级征兵办工作人员到校进行现场咨询活动，在为大学生解答征兵问题的同时，也给大学生上了一节精彩纷呈的国防教育课，让大学生了解入伍参军的重大意义，坚定保家卫国的坚强信念，牢记"国家兴亡，匹夫有责"和实现中华民族伟大复兴的历史使命。

3. 国防教育与学生社团活动相结合

学生社团是高校进行国防教育的重要阵地之一，要充分利用好学生社团这一有效载体，为社团的活动提供必要的条件支持，加强对学生社团的领导，组织好特色社团，创办好有关国防教育的刊物，对社团成员进行深入的国防教育，使社团成员树立正确的世界观、人生观、价值观。同时，要通过社团将国防教育融入校园的文化生活之中，定期介绍军事科技动态，组织社团成员进行持久性的宣传，使国防教育的传播形成由点及面的良好态势。

(三)巩固国防教育的成果

1. 通过考核的形式巩固国防教育的成果

国防教育作为大学生的必修课，与其他专业文化课一样，可以通过实行考试来考核国防教育的效果，以此来巩固国防教育的成果。在学生军训后期，军事理论课教育已经接近尾声，为了保证学生学习军事理论知识的质量，可以组织军事理论课考试，考核学生掌握军事理论知识的程度，从而达到巩固国防教育成果的目的，促使学生强化记忆，以此达到增强国防意识的效果。

2. 通过知识竞赛的形式巩固国防教育的成果

国防教育的过程是乏味的，因此我们应该采取多种形式开展国防教育，巩固国防教育成果。搭建国防教育平台，开展以普及国防知识、强化国防观念、激发爱国热情为目的的知识竞赛，充分利用新闻媒体传播速度快、传播范围广的特点，设计国防教育专栏、专题节目，对知识竞赛进行大力宣传，做到平时宣传不断线、集中宣传有声势、重要时机有高潮，营造积极参加国防知识竞赛、增强国防观念、强化国家安全意识的浓厚氛围，让学生在不知不觉中不断学习国防知识，巩固国防教育成果。

3. 通过多种形式的活动巩固国防教育的成果

根据教学需要，可以利用"国防教育日""八一建军节""十一国庆节"等重要纪念日，开展一些有特定内容、富有特定意义的主题教育，包括举办主题班会、报告会、座谈会、国防知识竞赛、演讲比赛、征文比赛等；针对有的学生国防观念不强、国防意识淡化的问题，还可以开展"国防在我心中""警营一日"、为烈士军属做好事、国防教育文艺汇演等专题活动，帮助学生开阔眼界、陶冶情操，增强广大学生的忧患意识和责任意识，激发其爱国情感和学习动力，从而巩固和升华国防教育成效。

(四)国防教育的意义

1. 有利于增强大学生的国防意识

国防是为了捍卫国家主权和领土完整，保证国家利益不受外来侵犯而采取的一切防卫措施的综合。而国防意识则是国家安全和发展的思想基础，良好的国防意识既是维护国家安全的思想基础，又是推动民族发展的精神动力。随着社会主义市场经济体制的建立和完善，人们的经济意识不断增强，而国防意识却出现滞后现象，大学生们普遍认为国防是政府的事情，是军队的事情，与自己没有什么关系。然而，国防不仅仅是军队及政府的事，没有全民国防观念的增强，便不可能有真正强大的国防。其实国防离我们每一个人都很近，尤其是作为祖国未来建设者的大学生，他们是社会中的新生力量，对他们进行的国防军事教育，是培养他们爱国主义精神和社会责任感的教育，也是最基础、最稳固的国防意识教育，以增强他们的责任感、使命感。高校国防教育通过系统规范的军事训练和以军事理论教育为主要内容的国防教育，对学生的爱国主义教育具有其他学科所无法替代的重要作用。由于国防教育的内容有关于国家的安全防卫问题，因而它与国家的安危和人民的根本利益密切相关，能够在大学生中引起强烈的共鸣。国防军事教育可以使大学生对战争与和平有清醒的认识，对我国国防历史、周边安全形势有正确的了解，能强化他们的国防意识，使其

始终铭记国家利益高于一切，并树立居安思危、爱军习武、保家卫国等的国防观念。

2. 有利于增强大学生的民族凝聚力和向心力

民族的凝聚力和向心力是一个国家和民族兴盛与发展的基本条件。今天，全面建设社会主义现代化国家是我国各族人民共同的奋斗目标，是中华民族的共同追求。而国防建设既是这一奋斗目标的组成部分，又是实现这一目标的重要保障。国防教育能使人们进一步增强爱国主义信念，树立革命英雄主义、集体主义，培养其为国家和民族献身的使命感、光荣感以及为维护国家和民族利益而自觉斗争的精神，从而进一步增强民族的凝聚力和向心力。近代中国曾屡遭外敌入侵，国贫民弱，社会则像一盘散沙，这除了经济落后、政治腐败的原因外，也与当时的国民没有形成明确的国防意识有着密切的关系。新中国成立以来，先进的社会制度是中华民族具有强大凝聚力和向心力的重要基础，同时，以国家和民族的发展以及安全为共同利益的现代社会国防意识的形成也是巩固民族凝聚力和向心力的精神力量。高校国防教育使学生能够把民族的共同利益放在至高无上的地位，能够和全国人民团结一心，共同抵御外来侵略，能够为民族的共同利益不惜牺牲个人或局部利益。这样，就能在爱国主义的伟大旗帜下把大家紧紧地团结起来，使中华民族具有坚不可摧的伟大力量。青年是祖国的未来、民族的希望。青年大学生尤其如此，他们是民族的脊梁。因而，加强对大学生的国防教育，尤其是爱国主义教育（国防教育的核心），能极大地激发青年大学生的民族自豪感和爱国热情。在青年大学生的鼓舞和带动下，全中华民族的意志和力量都能凝聚起来，任何困难都能战胜和克服。

3. 有利于提高大学生的身心素质和科学文化素质

素质教育的目的是促进大学生思想道德素质、科学文化素质和身心素质协调发展，引导他们勤于学习、富于创造、甘于奉献，成为有理想、有道德、有文化、有纪律的时代新人。高校国防教育主要以理论教学和军事训练为主。在教学方面，由于现代战争是高技术条件下的局部战争，它不仅是综合国力的较量，也是科技实力的较量。军事科学是一门范围广博、内容丰富的综合性科学，它涉及自然科学、社会科学和技术科学等众多学科，而军事科学教育围绕高科技战争进行，旨在传授现代军事高技术知识，如微电子、光电子、人工智能、纳米技术等，这些都能增加大学生的科技知识，使他们了解现代科技前沿，了解国际形势，开阔视野，培养其忧患意识、爱国意识，并使其智力、心理得到协调发展。在军事训练方面，主要是集中一定的时间，强制性对大学生进行队列、射击实战以及体能等方面的军事技能训练，其目的就是要通过亲身体验，使他们感受到部队严明的组织纪律、雷厉风行的生活作风、不畏艰难的吃苦意识，从而培养他们的团队意识、集体观念，使其锻炼强壮的体魄，培养健康的心理素质，养成正确的生活习惯，并掌握基本的军事技能。这样，通过军事理论学习和军事训练，能提高大学生的心理素质和科学文化水平，练就其健康的体魄，提升其人格修养、培养其情感意识和增强其道德素质。

4. 有利于培养国防后备人才，促进国防现代化

我国国防建设一直坚持走精干的常备军和强大的后备力量相结合的道路，这也是我国新时期国防建设的根本指导思想。大学生作为一个特殊的社会群体，具有较高的科学文化素质，易于掌握现代科技知识。如果抓好这个群体的国防教育，我们便储备了一大批既具有较高科学文化素质又掌握了一定军事技能的高素质的国防后备力量。为此，应对大学生进行军事理论教学、必要的军事训练，以便必要时为部队输送高技术军事人才，成为战时扩建、组建部队的骨干，从而为打赢未来高技术局部战争创造条件，为国防建设和军事斗争准备提供有力保障。因而，大学国防教育有利于提高大学生的国防能力。未来高技术条件下的局部战争仍要坚持人民战争。随着科学技术的飞速发展和大批高新技术用于军事领域，虽然从一定程度上看，传统的人民战争的方式已经过时了，但是，人民战争的理念不能丢。在新的形势下，人民战争仍有它存在的意义，如信息战、网络战等一些没有硝烟的战争，人民群众中的技术群体会大有作为。他们可以充分发挥其聪明才智，积极投入到维护国家安全的行列中来。那么，我们的青年大学生，无论是在校生，还是毕业生，他们个个都有专长，如果他们受过较好的大学国防教育，进入社会之后，他们之中的绝大多数将成为各行各业的骨干力量，他们的一言一行、一举一动都将影响着周围的人，而其中一部分还将走上领导岗位，其影响和作用就更大了。在和平时期，他们是国防教育的骨干，而一旦战争发生，他们便成为人民战争的排头兵，能形成强大的合力，取得战争的胜利，为未来高技术条件下的人民战争打牢坚实的基础。

三、心理健康教育

大学生时代是人生中一段既美好又特殊的时期。现在的社会给我们提供了充分施展自我才能的舞台和多方面的发展机遇，而大学生可凭借的竞争优势已不单单是智力和体力，更重要的是健康和健全的人格。大学阶段是一个人由青春期向成年期转变的重要时段，也是自我意识不断完善的重要时期。大学生的人际关系问题尤其重要，为此，大学生们应加强认识，掌握技巧，积极训练，不断改善自己的人际关系，促使自我健康成长。

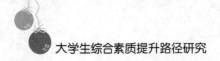

(一)大学生心理健康状况分析与心理健康教育指导

1. 心理健康

心理健康是时代的主题,是现代社会进步与人类自身发展的客观要求。对当代大学生而言,全方位开放的新局面为其提供了成才的广阔舞台和更多的发展机会,但同时,激烈的竞争也带来更多严峻的挑战,时代的发展对大学生提出了更多、更新、更高的要求。提高个人的修养、保持心理的健康、增强人格的魅力、优化心理素质是每一个立志成才的大学生必须面对的时代课题。

当代大学生面临着21世纪的挑战。综合国力的竞争、科学技术的竞争,归根结底是人才的竞争。科技的发展、经济的振兴,乃至整个社会的进步都取决于人才素质的提高和合格人才的培养。心理素质是人才素质系统中的基础,同时又渗透在思想道德素质、科学文化素质、职业素质之中。由于21世纪对人才的素质要求更高、更全面,与以往任何时期相比,当代大学生更需要心理健康的指导和锻炼。

心理健康是指这样一种状态,即人对内部环境具有安定感,对外部环境能以社会上的任何形式去适应,也就是说,遇到任何障碍和困难,心理都不会失调,能以适当的行为予以克服,这种安定、适应的状态就是心理健康的状态。衡量心理是否绝对健康是非常困难的。健康是相对的,没有绝对的分界线。一般判断心理是否正常,具有以下三项原则:其一,心理与环境的统一性。正常的心理活动,在内容和形式上与客观环境具有一致性。其二,心理与行为的统一性。这是指个体的心理与其行为是一个完整、统一和协调一致的过程。其三,人格的稳定性。人格是个体在长期生活中形成的独特个性心理特征的具体体现。而心理障碍是指心理疾病或轻微的心理失调。

2. 大学生人格的培养与发展

心理健康教育与受教育者的人格发展密切相关,并直接影响个体人格的发展水平。一方面,学生以在心理健康教育过程中接受的道德规范、行为方式、环境信息、社会期望等来逐渐完善自身的人格结构;另一方面,客观存在的价值观念作为心理生活中对自身的一种衡量、评价和调控,也影响着主体人格的发展,并且在一定条件下还可转化为人格特质,从而使人格发展上升到一个新的高度。同时,心理健康教育不是消极地附属于这种转化,而是在转化过程中能动地引导受教育者调整方向,使个体把握自我,对自身的行为进行认识评价,从而达到优化心理、健全人格的目的。

3. 大学生自我认识

加强自我心理调节。自我心理调节的核心内容包括调整认识结构、情绪状态，锻炼意志品质，改善适应能力等。

大学生处于青年期，青年期的突出特点是人的生理在经历了从萌发到成熟的过渡之后，逐渐进入活跃状态。从心理发展的意义上说，这个阶段是人生的多事之秋。这是因为，经验的缺乏和知识的不足决定了这个时期人的心理发展的某些方面落后于生理机能的成长速度。因而，在其发展过程中难免会产生许多困惑、烦恼和苦闷。另外，我国正处在完善社会主义市场经济体制和实现社会主义现代化战略目标的关键时期，社会情况正在发生复杂和深刻的变化，社会竞争日趋激烈，生活节奏日益加快，科学技术迅猛发展。这种情况也会在青年学生中引发这样或那样的心理矛盾和心理冲突，如父母下岗、家庭发生变故、学习成绩不佳、交友失败、失恋等。这些心理问题如果总是挥之不去，日积月累，就有可能成为心理障碍而影响学习和生活。

4. 心理教育的措施

人的心理素质不是天生的，而是取决于后天的教育与训练，教育对心理素质的提高起着重要的作用。笔者在大学生心理素质教育方面进行了许多探索和尝试，开展了一系列工作，并取得了良好效果，但同时也有许多不足的地方有待改进。以下是行之有效的教育措施。

(1)充分发挥学校心理咨询的作用

学校心理咨询是增进学生心理健康、优化学生心理素质的重要途径，也是心理素质教育的重要组成部分。随着时间的推移，心理咨询被越来越多的人承认和接受，越来越多的大专院校，甚至中学都设置了心理咨询机构。心理咨询机构可以指导学生减少内心的矛盾和冲突，排解心中忧难，开发身心潜能，还能帮助学生正确认识自己、把握自己，有效地适应外界环境。近年来心理咨询机构不断完善，增设了多种形式的服务，已成为大学生心理素质教育最有效的途径。

(2)开展大一新生心理健康调查，做到心理问题早期发现与及时预防

开展心理素质教育的前提是了解、掌握学生心理素质的状态，从而有针对性地提出教育措施与方案。笔者所在学校每年对新生进行心理健康普查，采用"心理健康问卷"，从中筛选出有心理症状的学生，主动约请他们到心理咨询中心进一步通过面谈分析诊断，每年约有10%的新生被约请面谈。根据面谈分析，区别不同的问题类型与程度，采取不同的应对措施，防患于未然，做到了心理问题早期发现、及时干预，使学生在入学之初就能得到具体的心理健康指导。

(3)把心理素质教育渗透在各科教学之中

通过各科教学进行心理素质教育既是学校心理教育实施的途径，也是各科

教学自身发展的必然要求。各科教学过程都包括极其丰富的心理教育因素，因为教学过程是以社会历史积淀的文化知识、道德规范、思想价值观念为内容和主导的。教师在传授知识的过程中，注重学生的心理需求，激发学生的学习兴趣，并深入挖掘知识的教育意义，就能够把人类历史形成的知识、经验、技能转化为自己的精神财富，即内化成学生的思想观点、价值观和良好的心理素质，并在他们身上持久扎根。

(4)开设心理教育必修课，增强自我教育能力

心理素质的提高离不开相应知识的掌握，系统学习心理、卫生、健康等方面的知识，有助于学生了解心理发展规律、掌握心理调节方法、增强自我教育的能力。心理素质教育的效果在很大程度上取决于学生自我教育的主动性和积极性，及其自我教育能力的高低。因此，心理素质教育就是要注重培养学生自我教育的能力。

(5)加强校园文化建设，为大学生健康成长创造良好的心理社会环境

大学生的健康成长离不开健康的心理社会环境，大学生心理素质的培养离不开良好的校园文化氛围。校风是校园文化建设的重要内容，也是影响学生心理发展的重要条件。因此，学校应该加大力量狠抓校园文化建设，开展形式多样的文体活动和学术活动，营造健康向上的氛围、宽容理解的环境，从而有助于学生深化自我认识、充分发展个性、提高适应能力。

心理健康可以促进大学生全面发展，拥有健康的心理品质是大学生全面发展的基本要求，也是其将来走向社会，在工作岗位上发挥智力、积极从事社会活动和不断向更高层次发展的重要条件。学校应充分认识到，德、智、体、美、劳五个方面的和谐发展，是以健康的心理品质作为基础的，一个人的心理健康状态直接影响和制约其全面发展的效果。

作为一个大学生，我们应该保持乐观开朗的心情，努力学习科学文化知识，为祖国未来的建设添砖加瓦。

(二)大学生心理健康教育的目标与意义

大学生心理健康教育的目标是：普及心理健康知识，提高大学生的自我心理调适能力，帮助大学生解决身心发展过程中的心理问题，提高大学生的心理健康水平和综合素质，促进大学生健康成长、全面发展。心理健康教育必须以优化大学生的心理素质为起点，以促进大学生的全面主动发展和社会化为归宿。概括起来可以归纳为以下三个目标。

1. 初级目标——防治心理疾病

大学生心理健康教育的初级目标是防治心理疾病，维护心理健康，这也是

实现其他目标的基础。当代大学生正处在变革的社会背景之下，又正当人生发展的过渡时期，当他们面临的冲突过大、持续时间过长又得不到外界帮助时，就可能引发一系列生理和心理的反应，严重的会导致各种心理疾病。心理健康教育能及时发现学生的心理问题，并采取相应干预措施，对其不良心理现象和行为予以矫正和治疗。

2. 中级目标——完善心理调节

大学生心理健康教育的中级目标是指导学生深化对自己、他人和社会的了解，掌握自我调节的方法，优化心理素质，提高挫折承受力和社会适应能力，进而促进学生整体素质的全面发展。即通过性格品质的优化，增强德育的有效性；通过心理能力的强化，促进智育的高效化；通过健康心态的培养，促进健康的全面化；通过内在动力的激发，促进自我发展的主动化；通过行为习惯的优化，促进个体的顺利社会化。当代大学生在学习、交友、恋爱、择业等一系列生活事件中常会遇到挫折，由此而产生心理困扰。由于大学生的心理发展尚未成熟，自我调节能力尚不完善，挫折引发的情绪波动常常十分强烈，从而影响大学生的正常生活和健康成长。因此，大学生心理健康教育的中级目标显得尤为重要。

3. 最终目标——促进心理发展

大学生心理健康教育的最终目标是健全个体，开发学生的各种潜能，促进学生的心理发展，从而适应社会发展。同时，保持对客观社会的积极、主动的适应，实现个性化与社会化的和谐与统一。当代大学生自身存在的某些弱点和局限，常常会影响他们的适应能力与发展速度，阻碍其潜力的发挥。大学生心理健康教育的最终目标就是帮助大学生认清自己的潜力，保持良好的心态和健康的生活方式，全面而充分地发展自己、完善人格。

大学生正处在人生发展的重要阶段，面临着学习、交友、恋爱、就业、成长等种种问题，他们渴望成才，追求卓越。良好的心理素质是成才的基础，拥有健康的身心是他们成人、成才、成功的重要保证。而心理健康教育是培养大学生良好心理素质的有效方式，所以，要进一步提高对心理健康教育的重要意义的认识。

心理健康教育作为一种制度化的育人活动，其特定的工作范围在心理领域。心理健康教育只有把"育心"作为自己的立足点，才能得到学生和社会的认可。这一结论得到了有关实证研究的支撑。据黄希庭、郑涌等的调查，大学生对心理健康教育的主观评价呈现如下特征："从心理健康教育中受益最大的是丰富了心理健康知识（95%）、了解心理素质的重要性（94%）、提高挫折承受能力（90%）、正确认识自己和他人（90%）、学会情绪调节（88%）和增进人际交往(85%)等。"人的心理健康状态从有严重的心理疾病和心理障碍，到心理的亚健康、健康，呈现出一种连续的过渡状态，可分为多个层次。高校心理健康教育就是要把大学生的心理健康水平不断地由较低层次推向较高层次。由此，我们可以把心理健康教育的基本功能划分为三个不同的层次，即初级功能——预防心理疾病，缓解心理压力；中级功能——优化心理品质，提高调节能力；高级功能——充分开发潜能，促进人格完善。科学的心理健康教育可以改善和优化大学生的认知结构，使他们正确认识自己的情绪和情感，学会调整情绪的方法，保持积极乐观的心态，提高自我认识、自我管理、自我教育的能力。高校心理健康教育又是改造人的主观世界的工作，无论是哪种具体的心理健康教育方式，其作用过程都发生在教育对象的心理领域；无论是何种模式的心理健康教育，都要改善或重建教育对象的精神生活。这样，高校心理健康教育就不可避免地对大学生的世界观、人生观和价值观产生影响。因此，引导大学生树立正确的世界观、人生观和价值观，促进其良好思想道德素质的形成，也是心理健康教育的重要职责。

加强大学生心理健康教育工作，还有利于化解其心理发展过程中的矛盾。

第一，有利于化解大学生闭锁性心理与交往需要之间的矛盾。由于大学生的社会知觉和情绪体验更关心别人和自己的内心世界，因而，在分析别人的活动时，他们更多地着眼于思想、情感和个性品质，并借助于对别人的分析来认识自己的心理品质，从而意识到自己的思想、情感与他人的区别。自己具有了特殊的不同于他人的各种生活体验，而且思想情感越成熟，自尊心越强，就越来越感到自己的心理特点与别人存在着差异，使他们感到没有知心人可以倾吐真情，于是就把自己的内心感受隐藏起来，以致产生孤独感，因而产生了闭锁性心理。但是，他们又迫切期望与人交往，希望得到成人的帮助或与同龄的知心朋友交流思想、感受、愿望和理想。于是，两者间形成了一对矛盾。针对这一矛盾，教育工作者通过开展心理健康教育工作，细心观察大学生心理的变化，充分了解他们的思想情感及年龄特点，及时给予帮助和指导，做他们的良师益友，既帮助学生渡过这一特殊时期，又提升了教师的威信。

第二，有利于化解大学求知欲和识别力之间的矛盾。大学生渴求知识，求知欲强烈，无论是社会领域还是自然环境领域中的一切，他们都感到新奇，都想了解和探求究竟。但是由于辨别力差，他们有时分不清哪些是积极的、有益的，哪些是消极的、有害的，以致于把错误的事物也接受下来。这样就产生了求知欲强和识别力差之间的矛盾。针对这一矛盾，教育工作者通过开展心理健康教育工作，教导大学生要勤学多思，提高辨别力，特别是对课外读物(包括网络方面的内容)，要用正确的观点对其内容进行分析，取其精华，去其糟粗；还要帮助他们培养自制力，使他们学会控制自己、约束自己的行为。

第三，有利于化解大学生情绪与理智的矛盾。大学生的情绪很容易激动，容易感情用事。但是，当激动的情绪平静下来时，在理智上他们完全能清晰地分析问题，这说明当认知与需要不一致时，他们理智上知道怎样行动，但不善于处理情绪与理智之间的矛盾，不能坚持正确的认识，难以控制自己的情绪。针对这一矛盾，教育工作者通过开展心理健康教育工作，教育大学生要正确地对待别人的进步和荣誉，培养宽阔的胸怀；正确认识自己的优缺点，取长补短；处理好人际关系，发扬集体互助精神。

第四，有利于化解大学生理想的"我"与现实的"我"之间的矛盾。大学生的抽象逻辑思维发展到一个新的水平，这种思维能力使大学生能从现实的具体条件出发，把自己所获得的感性印象，抽象地、概括地反复思考。同时，由于大学生对未来的想象比较丰富，往往离开现实条件构想自己未来的前景，这样，就形成一个理想的"我"。远大的理想为大学生的生活指明了奋斗目标，但是理想中的"我"与现实的"我"不一定完全相符，当他们感到达不到自己的"理想"时，就会与现实发生矛盾。如果他们不从自己本身的思想认识、智力特点方面考虑问题，就会把这种不切实际的幻想夸大，而对现实不满。针对这一矛盾，教育工作者通过开展心理健康教育工作，引导学生更多地参加实践活动，给他们安排各种展示自己能力的机会，使他们通过活动了解自己的优缺点，理解自己在一定的集体或社会活动中的角色和作用，缩小理想与现实的距离，从而获得对自己的正确认识。

此外，还可以提高或降低学生的抱负水平，对抱负过高的学生，可适当降低他们的抱负水平，使他们的自我评定与现实的可能性联系起来；对抱负过低的学生，可适当提高他们的抱负水平，帮助他们克服困难和阻力，提高学习成绩，增强学习信心，培养勇于和各种困难作斗争的精神。

四、思想政治教育

(一)学生思想政治教育的含义

"学生思想政治教育"是我们在研究中多次提到，而且在实践中反复强调的一个关键词，显然它并不是一个新概念，但是长期以来人们往往把讨论和研究的重点放在思想政治教育和学校思想政治教育这两个外延较大的概念上。笔者认为，所谓学生思想政治教育就是在学校内部开展的，按照一定的社会要求，有目的、有计划、有组织地对学生施加教育和影响，旨在指导他们明确正确的政治方向、形成健康的思想观念、养成良好的道德品质的实践活动。具体主要包含以下三个方面的含义：第一，从范围来看，学生思想政治教育的开展有特定的场所——学校，这里不仅包括幼儿园、小学、中学、大学各个级别的学校，还包括艺术、体育、技术等各个类别的学校。凡是学校都可以是学生思想政治教育开展的重要平台。第二，从对象上来看，学生思想政治教育，顾名思义，其教育的对象是学生，通常我们简单地把学生分为小学生、中学生、大学生三大群体，事实上，幼儿园学生、研究生甚至成人学校的学生等正在接受正规系统教育的一切学生都应该包含在学生思想政治教育的对象范围之内。第三，从目的来看，学生思想政治教育的总的目的是引导学生明确正确的政治方向、形成健康的思想观念、养成良好的道德品质，这不仅是学生思想政治教育的出发点和归宿，更是学生思想政治教育区别于其他教育的重要特征。明确学生思想政治教育的含义是进行学生思想政治教育研究的前提性条件，在此基础上掌握学生思想政治教育的特点更是了解和把握学生思想政治教育的必然要求。

(二)学生思想政治教育的特点

学生思想政治教育作为思想政治教育的重要分支，必然承袭了思想政治教育所具有的阶级性、实践性、综合性等特点，同时由于学生思想政治教育是学校思想政治教育的核心构成，因此它也具备了正面性、计划性、引导性、复杂性等多种特点，除此之外，学生思想政治教育还包含自身的特点，具体表现在以下四个方面。

第一，指定性。所谓指定性主要是指学生思想政治教育环境的指定性和对象的指定性。学生思想政治教育是在学校这个指定的环境中开展的，其指定的对象是学生，学生的主体又是青少年。青少年时期是长知识、长身体的重要时期。这一时期他们的世界观、人生观、价值观尚未成熟，思想品德变化迅速，既有成长过程中所表现的长处，又有明显不足的地方，需要给予特殊的关心和培养。

第二，并行性。所谓并行性是指学生在学校接受思想政治教育的过程与他们求知的过程是重叠的，即在增长知识的同时，思想观念、政治观点、道德品质也在不断地形成和提升。学习知识有助于理解和把握学生思想政治教育的内容，学生思想政治教育则在学校的各项活动中居于统帅地位，给学生的思想和行为以正确的导向。

第三，协调性。所谓协调性是指学生思想政治教育是在学生成长和发展的过程中进行的，与学生的生理和心理发展的各个阶段的不同特点相协调。学生时代是人的生理和心理不断走向成熟的关键时期，学生思想政治教育必然要在把握这个极富变化阶段学生的特点和规律的前提下，有针对性地对学生进行相应的教育。

第四，系统性。所谓系统性是指学校思想政治教育是一项系统的工程，它包含着学校思想政治教育每个阶段不同环节的各种要素，是一项有目标、有计划、有组织的专门的思想政治教育实践活动。在社区、家庭、军队等其他领域同样存在着思想政治教育，然而相比于在这些领域的思想政治教育中存在的那些零散的、即时的、短期的特点，学生思想政治教育的系统性使得其能够更好地发挥作用。

（三）学生思想政治教育的要素构成

学生思想政治教育是学校对学生施加思想政治教育影响与学生接受思想政治教育影响相统一的过程。构成这个过程的要素如下所述。

第一，学生思想政治教育的主体。它在学生思想政治教育诸要素中居于主导地位，对它的研究也是整个学生思想政治教育研究工作开展的基础。从主体的内涵及意义、主体的归属、主体应具备的素质、主体的作用如何发挥等方面对它进行深入的研究是研究学生思想政治教育要素的首要任务。

第二，学生思想政治教育的对象。它在学生思想政治教育诸要素中居于关键地位，了解和认识学生思想政治教育对象的情况和特点，把握他们的身心发展规律，是搞好学生思想政治教育的前提。因此，对它的研究应主要包括对象的身心基础、对象的需要、对象的特点以及对象的问题等内容。

第三，学生思想政治教育的目标。它在学生思想政治教育诸要素中处于指导地位，它是学校实施思想政治教育所期望达到的结果，能够保障学生思想政治教育沿着正确的方向发展。因此，明晰目标的含义、目标的功能、目标确立的依据、目标的分类以及各学段、各年级目标的划分是学生思想政治教育目标自身科学研究的必经之路。

第四，学生思想政治教育的内容。它在学生思想政治教育诸要素中处于核心地位，它不仅承载着国家和社会的道德发展要求，还联系着学生身心发展实际。它不仅反映着学生思想政治教育的性质，还保证思想政治教育目标能够顺利实现。对它的研究应主要包括内容的构成、各学段甚至各年级内容的确定、内容的呈现方式等方面。

第五，学生思想政治教育的方法。它在学生思想政治教育诸要素中处于重要地位。"方法是联系理论与实践的纽带，是具有一定稳定性的理论体系和不断变化和发展的实践之间的联系中介，是原则性与灵活性的统一。"对它的研究应不仅要包括方法论意义上的方法和具体的德育方法，而且更要弄清哪些是普遍适用于各个学段的方法以及不同学段特有的方法。

第六，学生思想政治教育的原则。它在学生思想政治教育诸要素中处于保障地位，它是学生思想政治教育活动在各个阶段、各个层次、各个环节都必须遵循的准则，它是学生思想政治教育活动内在规律的概括和总结，是有效实施思想政治教育方法的指南。对它的研究应包括总体原则、目标原则、内容原则、评估原则等多个方面。

第七，学生思想政治教育的机制。它在学生思想政治教育诸要素中处于统筹地位，它是学生思想政治教育各构成要素相互关联、相互衔接、相互协调而形成的因果联系和运转方式。学生思想政治教育机制能够整合和协调各要素的结构功能，使学生思想政治教育成为一个能动发展的过程，并且在动态中达到育人的目的。

第八，学生思想政治教育的环境。它在学生思想政治教育诸要素中处于基础地位。环境是人的思想品德形成的必要条件。任何人的思想品德和心理都是环境熏染的结果，环境对人的思想品德的形成具有重大影响。认识学生思想政治教育环境的结构及其要素，把握学生思想政治教育环境与学生思想政治教育的辩证关系，探索如何对学生思想政治教育环境进行建设、优化和开发，这些是我们今后要研究的重要内容。

学生思想政治教育各要素都居于不可替代的地位，它们相互联系、相互影响、共同发挥作用，保证学生思想政治教育工作顺利开展。

(四)学生思想政治教育的地位

第一，学生思想政治教育是高校思想政治教育的主体。思想政治教育作为一种由国家倡导实行的、在全国范围内普遍开展的社会实践活动，遍布于人们生活的各行业、各领域。在学校，除了学生思想政治教育外，还有教师思想政治教育。在其他领域同样存在着思想政治教育，诸如军队思想政治教育、社区思想政治教育、农村思想政治教育、企业思想政治教育，等等。然而，综合研究和比较各种思想政治教育以后，我们不难发现，学生思想政治教育是思想政治教育存在的最主要形式，是思想政治教育的主体，具体原因如下。

首先，学生思想政治教育对象的范围最广。由于我国实行的是义务教育，要求每个适龄儿童都要到学校接受教育，这意味着几乎每个人的一生中都有一段时间是学生，而在学校接受的所有教育中，思想政治教育是重要内容，因此，学生思想政治教育是全体社会成员都接受过或正在接受的教育，它无疑是最重要的思想政治教育方式。

其次，学生思想政治教育同其他行业和领域的思想政治教育相比，是最持久、最系统和最完整的。学生思想政治教育从学生迈进小学甚至幼儿园就开始了，直到大学甚至研究生毕业，相对于那些暂时的、零散的思想政治教育形式而言，学生思想政治教育影响人们的时段最集中，时间也最长。除此之外，学生思想政治教育有自己独立的理论构架、有专业的教育队伍、有整体的规划和统筹安排、有自己实施的环境和条件，也有国家、社会和家庭多方面的支持，在系统性和整体性上存在着自己独特的优势。

最后，学生思想政治教育是在人的发展的关键时期对其进行的教育。每个人从小学到大学那段时期，不仅是生理从成长到成熟的重要时期，也是心理不断完善和发展的关键时期，在一个人思想品德的养成阶段或价值观念的形成时期进行的思想政治教育，无论是从教育效果上来看，还是从个体成长来看，都是最重要的。因此，学生思想政治教育在整个思想政治教育中处于主体地位，应该得到更多的关注和重视。

第二，学生思想政治教育是学校思想政治教育的核心。学校思想政治教育主要包括两个主要部分：学生思想政治教育和教师思想政治教育。教师是思想政治教育的组织者和实施者，因此他们首先要接受思想政治教育，在专业知识、教学技能、思想品质方面都过硬是学校思想政治教育的必然要求。然而，学校思想政治教育的核心是学生的思想政治教育。这是由学生的地位以及他们自身的特点决定的。我们常说青少年是国家的未来、民族的希望，因此，"应加强对青少年的思想政治教育，提高他们的思想道德素质，使他们认清未来的历史重任，为建设现代化努力学好知识和本领，将来成为社会主义现代化事业的建设者和接班人，使社会主义事业后继有人，承前启后，继往开来"。总之，我们的事业，只有赢得了青少年，才能赢得未来。我们也该意识到青少年正处于成长的关键时期，他们的世界观、人生观、价值观还处于形成阶段，思想容易出现波动，社会经验不足，对事物的认识不够全面，辨别真伪、是非、好坏的能力较弱，他们处于特殊的发展阶段，有着很多需要解决的问题和特殊的需要。因此，与教师的思想政治教育相比，学生思想政治教育要成为学校思想政治教育的核心。

第三，学生思想政治教育是传递国家和社会要求的主渠道。国家和社会的要求是思想政治教育的最基本和最恒定的内容。无论是在哪个领域实施的思想政治教育，都要把实现国家和社会的要求作为思想政治教育的出发点和落脚点，而学生思想政治教育是传递途径中的最主要渠道。我们知道，人只有遵守社会规范，维护社会稳定，才能在社会中生存和发展。早在原始社会，阶级和国家还没有出现，没有专门的人员或专门的机构对人们进行教育，在当时生产力极其落后的情况下，人们必须在集体中从事生产活动和生活。为此，社会正

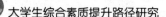

常运转要求社会成员必须遵守一定的行为规范和风俗习惯，这也要求集体通过一定的途径将这些约定俗成的规则传递给社会的全体成员。进入阶级社会以后，统治阶级在社会中占据了主导地位，其通过向人们传授社会的基本道德准则和价值观念，使人们的思想和行为符合社会要求。"社会要求具有永恒性，它集中表现为社会规范，是一个社会得以运行的前提条件。只要社会运行着，就有社会要求即社会规范的存在，否则社会就无法运行。社会要求具有普世性，它代表所有社会成员的意愿而不是一部分人的意愿，诸如勿偷盗、讲卫生、尊老爱幼、孝敬父母、讲究诚信，就属于社会要求的范畴，它适用于所有的社会。"因而，无论是在阶级社会或更早的社会中，思想政治教育都把国家和社会要求的传递作为最基本的任务，国家和社会的要求是思想政治教育最基础的内容。因而，学生思想政治教育因其深入性、广泛性、持久性、系统性、具体性等的特点，以其独特的优势成了对国家和社会要求进行教育和宣传的主要形式。学生思想政治教育的重要地位决定着它具有特殊的价值，因而，它的价值实现也巩固着学生思想政治教育的地位。

(五)学生思想政治教育的价值

第一，可促进学生的健康成长与发展。学校是学生主要的成长环境和生活环境，在学校开展的学生思想政治教育活动对学生的健康成长具有积极的作用。首先，学生思想政治教育帮助和引导学生树立正确的价值观。学生思想政治教育内容不仅体现在课本中、课堂上，同时也贯穿于学生的日常生活之中，学校把系统的思想政治教育理论和实践相结合，对学生进行教育，促进学生爱国主义情怀、集体主义意识、奉献精神不断地增强，并坚定社会主义方向。其次，学生思想政治教育能够帮助和引导学生树立正确的理想和信念。崇高的理想和信念是推动人类不断发展进步的强大动力，学生思想政治教育引导和帮助学生确立了建设中国特色社会主义的崇高理想和信念，并使其转化为学生强大的精神动力，使他们无论是在学习中、生活中还是在以后的人生路上，都能够以充沛的精力、高昂的热情和坚定的意志去直面未来，不断提升其自我认识、自我约束、自我管理、自我评价、自我教育的能力。因而，这些无疑可促进学生的健康成长与发展。

第二，可助推整体国民教育体系的教育目标的实现。尽管我国大、中、小各个学段都有自己的教育目标，但纵观所有教育目标的内容，我们不难得出这样的结论：各阶段的教育目标都指向人的全面发展，我国当前的整体教育目标是实现人的全面发展。人的全面发展包含两方面的意蕴：一是所有人的发展；二是人的德智体美劳方面的发展。德智体美劳这五育相互联系、相互作用，共同推动人的全面发展。学生思想政治教育即全面发展教育中的德育，在诸多教育中处于基础地位，在人的全面发展过程中起着导向作用。由于伴随着人的成长和发展会出现各种各样的问题，外部环境也会对人产生积极的或消极的影响，这些问题和消极的影响都会阻碍人的发展，进而影响整体教育目标的实现。开展学生思想政治教育就是要培养学生的理性思维，提高学生辨别是非的能力，帮助学生解决思想上和实践中的问题。这些可为学生素质的全面提高提供支持，对人的全面发展起到巨大的推动作用，为整体教育目标的实现做好保障。

第三，有利于社会思想政治教育效果的增强。学生思想政治教育是学校思想政治教育的重要组成部分，又是社会思想政治教育的组成部分，因此，学生思想政治教育是社会思想政治教育的构成要素，学生思想政治教育开展的效果如何，直接关系到整个社会思想政治教育的成效。首先，学生思想政治教育是社会思想政治教育的基础。在我国，几乎每个社会成员都会接受义务教育，其中包括接受学生思想政治教育，学生时期是思想品德形成的关键时期。其次，学校是进行思想政治教育最主要的场所。我国的大、中、小学普遍存在于整个国家，覆盖于全国各个地区，具有广泛的影响力，因此，开展学生思想政治教育是保证整个社会思想政治教育效果的关键。最后，学生思想政治教育是对学生进行的。学生不仅生活在学校，同时也生活在家庭和社会中，因此学生的思想政治教育必然要联系到家庭和社会，在与家庭、社会形成合力共同提高学生素质的同时，家庭和社会必然会受到积极的影响，整个社会的思想政治教育水平无形中便得到了提升。

（六）大学生思想政治教育工作的意义和重要性

加强大学生思想政治教育是学校育人工作的中心环节。在教育活动中，要把大学生的思想政治素质培养放在首位。在社会转型的新形势下，各种社会问题几乎同时呈现出来，带来了前所未有的文明冲突和文化碰撞，历史与现实、传统与现代、本土文化与西方文明多重因素交织在一起，这就可能导致大学生的政治信仰、理想信念、价值取向等变得迷茫和模糊。针对此情况，我们应该加强思想政治教育，切实解决学生的实际问题，正确对待学生的合理诉求，培养出德智体美劳全面发展的社会主义建设者和接班人，为国家的社会主义建设事业服务。

加强和改进大学生思想政治教育的关键在于与时俱进、不断创新。要深入理解不断变化的新形势，提出一系列解决问题的新思路。总的来说，现代大学生表现出以下新特点：个性鲜明，思想独立，但容易出现以自我为中心的现

象。有调查表明，大学生在独立选择与思考上表现出很高的自主性。在一份新生入学调查中，66%的考生在选择本科专业时是由自己决定的，反映了他们思想上的独立性，约63%的家长对新生独自到学校报到是放心的。

他们善于运用网络获取信息，但有时缺乏自制力。丰富的信息渠道让现代大学生随时拥有获得知识的机会，正是互联网带来的这种便利，使得现代大学生在获取知识信息方面出现"浅阅读"文化现象，而他们经验上的缺乏和心理上的空虚却无法填补，这导致他们在知晓大量信息的同时却产生了一种空虚感。数据显示，一部分现代大学生"深度阅读"略显不足，在报刊、电视节目等方面也仅仅选择能对他们产生冲击力的时尚人物或者正在热捧的体育或影视明星相关的内容，而网络则成为他们获取信息最主要的途径和日常接触最多的媒介。他们通常通过微博、微信群、玩家群、QQ群这些媒介来传播信息，并喜欢使用网络语言以便能够保护自己的隐私。但是，网络使人的虚拟沟通能力远远超过实际沟通能力，容易使人形成一种网络中的虚拟人格，影响在现实生活中与他人的交往。部分学生过分依赖新兴媒介，以致于网络成瘾。他们表现出如下人格特点：喜欢独处、敏感、倾向于抽象思维、不服从社会规范等。甚至有3%左右的人孤僻、抑郁、萎靡不振，已严重影响了学习，以致于退学。

当今就业形势相对严峻、对自身发展的渴求都让现代大学生对大学生活的规划更加明确。大学新生大都已经明白，考上大学不是终点，自己的人生发展才刚刚起步，他们大都表现出了强烈的自我规划意识。市场竞争的压力和利益关系的复杂多变，让他们更加务实，很早就明白应该调整价值取向，关注具体的事情。他们认为社会是在要求他们成为更加务实的人。有调查显示，大学生目标定位明显受到市场经济大环境的影响，呈现更加务实的倾向。当调查的新生被问及"你对自己未来的职业设想是什么？"时，他们的选择依次是白领(47%)、企业家(20.5%)、出国发展(15%)、公务员或事业单位职员(5%)。可知，绝大多数学生都有自己职业发展的基本趋向。

但是，调查也发现，现代大学生的职业目标定位明显受到市场经济大环境的影响，功利性比较强，理想色彩较重，不清楚通向目标的路在何方。一位大学生在谈到职业目标定位时，幽默地形容自己就像"趴在玻璃上的苍蝇——前途光明却找不到出路，根本不知道通向光明的道路在哪里"。

现代大学生出现的新的思想特点，与周围环境的影响密不可分。影响现代大学生思想观念的环境主要包括以下几个方面。

1. 家庭环境的影响

独生子女家庭依然是现代大学家庭结构的主要形式，而且这批独生子女，其家庭条件较过去的孩子更为优越，父母工作稳定，通常家中经济实力雄厚。部分大学生自我意识很强，存在以自我为中心、合作意识淡薄等不足，面对需要集体合作完成的一项任务时，很多人选择止步不前，不知如何表述，或者达成共识。

2. 学校教育环境的影响

1999 年，第三次全国教育工作会议发出全面推进素质教育的动员令以后，要求各级各类学校把提高民族素质和创新能力作为重点，大力推进素质教育。在素质教育的呼声中成长起来的大学生，也表现出独立思考、个性鲜明、充满自信等优势，富有较强的创新理念。但是，经济社会变革对学历和文凭的高层次需求，使得源于竞争社会大背景下的应试教育仍占据着中国教育大环境的重要位置。应试教育的弊端使教育者无暇顾及学生在道德理想、心理素质等方面的需求。新一代大学生由于在中学阶段接受的素质教育不均衡，入学时仍然存在对家长和老师的依赖心理，部分大学生对大学自主学习模式不适应，在与人沟通方面存在一定程度的障碍。

3. 社会环境的影响

中国正处于社会主义市场经济不断完善的阶段，由此带来利益关系调整、收入差距扩大、公平与效率失衡等社会问题，深深影响着转型社会中人的思想价值观念。社会变革的复杂性、社会价值观的多元化使正处于思想成长期的现代大学生在多元文化的冲击下，思想困惑和矛盾明显增多，从而对社会热点问题普遍关注。

市场经济的快速发展在某种程度上也使利益驱动机制成为调动人们积极性的重要途径，加上社会就业压力的不断增加，青年一代的价值观更趋于务实，比他们的前辈更早地考虑以后的生存发展。

(七)针对大学生特点的思想政治教育方法分析

在了解了大学生的思想特点及形成原因之后，如何有针对性地进行思想政治教育，这正是当前大学的思想政治教育所需要探讨的课题。

1. 改变家庭的教育方式

学生家长应反思一味"溺爱"的教育形式，从思想上关心学生的成长，重视对子女责任感的培养，在心理上和精神上鼓励他们。高校思想政治教育工作者也应与家长保持联络，帮助学生家长一起掌握学生的思想动向。

2. 建立教师和学生之间的平等互动关系

网络普及使得传统的教育模式和学习模式正在发生改变，现代大学生获取信息更加快捷，知识更加丰富，对自己的人生表现出的信心和理性远超过他们的前辈，在某些方面甚至比老师知道的还多。信息量的极大丰富和创造力的提高，使得他们渴望成熟独立，希望能跟老师进行平等的交流，而不是被动接受单向的知识和观念灌输。

思想政治教育工作必须结合学生的思想实际，改变传统的简单灌输的教育方式，改变以"老师"自居的高高在上的心态，注重与大学生平等交换思想观念，在双向交流中达成共识，调动青年学生的积极性，在交流中把握学生思想动向，有针对性地开展工作。在与学生的平等互动中，教师要尊重学生思想中的合理成分，正确对待自身的不足，并虚心加以改进。

3. 注重人文关怀，同时解决学生的思想问题和实际问题

在实际工作中，学生的思想问题和实际问题是密不可分的，思想困惑、心理危机等问题背后可能存在一些实际困难。因此高校思想政治教育工作者要贴近学生的发展，从学生的实际问题和状态出发，增强思想政治教育的实效性和针对性。真正做到"注重人文关怀和心理疏导，用正确的方式处理人际关系"。

在思想政治教育过程中，高校政治教育工作者要把学生放在他所处的生活或学习的整体环境下看待，完整全面地分析问题产生的各种原因，找到帮助学生解决问题的切入点，找到引导学生的合适途径。很多思想问题，往往与学生在实际生活中遇到的困难有直接或间接的联系，只有努力贴近学生，了解学生的实际需要，了解导致问题和事件发生发展的主客观因素，才能更好地从本质上解决学生的思想问题。

4. 重视引导学生开展自我管理

教育的终极目标是教育对象能够自我教育，教师的终极职责就是教给学生自我成长的能力，包括自我认知、认识环境、自我调控的能力。大学阶段是人生学习增智的黄金时期。现在仍有部分大学生的自理能力和自控能力存在较大的缺陷，甚至，他们当中的一些学生为比别人更受瞩目，往往会通过一些叛逆的行为来表现自己的与众不同。教师应抓住这一特点，在完善各项制度的基础上，加强班级和党团组织建设，充分发挥各级学生组织、学生社团的作用，引导学生科学规范地参与学生事务的管理、决策、执行和监督，充分发挥学生的思想优势，调动学生的积极性，推行学生自我管理。

教育的作用重在引导。让学生在外部引导下通过自我教育、自我管理、自我服务，学会解决各种问题的方法，改进思维方式，在应对各种问题时他们才能够举一反三、创造性、针对性地解决问题。与此同时，更加值得关注的是，中共中央、国务院下发的《关于进一步加强和改进大学生思想政治教育的意见》强调指出：大学生是十分宝贵的人才资源，是民族的希望，是祖国的未来。加强和改进大学生思想政治教育，提高他们的思想政治素质，把他们培养成中国特色社会主义事业的建设者和接班人，对于全面实施科教兴国和人才强

国战略，确保我国在激烈的国际竞争中始终立于不败之地，确保中国特色社会主义事业的兴旺发达、后继有人，具有重大而深远的战略意义。

(八)思想政治教育的作用

尽管各高校都在按照中央的要求，加强和改进大学生思想政治教育工作，但要看到，多方面的原因导致部分高校在实际工作中还存在用管理代替思想政治教育、淡化思想政治理论课的教学、对思想政治教育功能认知片面等现象。我们认为：高等教育要把社会公民的意识和专业能力(含科研和实践能力)培养作为核心任务加以重视，这样才能培养出合格人才。我们要正视这样一个现实：有相当一部分大学生公民意识淡薄、历史知识贫乏、政治理论不足、道德感差、法治意识和政策观念淡薄、核心价值观缺失、没有成为一个真正的"社会人"。基于这样的现实，我们认为：思想政治教育尤其是思想政治理论课教学在人才培养中具有不可替代的教育功能和重要作用，主要表现在以下几个方面。

1. 思想政治教育引导学生自觉发展

在不同的历史阶段，人的存在与发展总是表现出两种状态，即自发状态与自觉状态：所谓自发状态，是指人在发展中缺乏对社会全局和客观事物本质及规律的认识，局限于狭隘范围和眼前利益的一种精神和行为状态；所谓自觉状态，是指人能面向社会、把握全局、确立长远发展目标并自主寻求发展的状态。

在革命战争年代，革命队伍中的成员也存在自发与自觉两种状态。列宁在研究俄国革命时，从理论上阐述了人的革命自发性与革命自觉性的关系。他指出：自发因素，实质上无非是自觉性的萌芽状态。也就是说，自发性是人的主体性的初级状态，是自觉性产生的基础。为此，列宁提出了著名的"灌输"原理和"没有革命的理论，就不会有革命的运动"的论断，强调工人要学习、掌握马克思主义理论，认识各阶段的历史使命和革命的发展规律，实现由自发革命向自觉革命的转变。

在新的历史时期，虽然国际国内形势与过去相比发生了很大变化，但大学生的发展也存在自发与自觉两种状态。在市场经济体制下，有些学生过分强调自身的独立性与主体性，只顾个人的、眼前的物质利益，忽视了对世界、国家发展全局的关注，忽视了长远发展目标的确立和现代理论的学习，出现了狭隘、功利的发展倾向，表现为主体性不强，精神动力不足，对全局发展的形势与实质原因缺乏认识与把握，自我局限明显，开放性不够，这就是现代发展的自发性。这种自发性，归根结底就是个体发展的经验性。个体经验虽有可取之

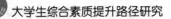

处，但它毕竟具有狭隘性和局限性，在发展上不可能有大的进展与突破，并且容易导致个体之间的矛盾与冲突。因此，现代自发性与革命战争年代的自发性虽然表现形式不同，但本质是一致的。

大学生思想政治教育，就是要帮助大学生实现由自发发展向自觉发展的转变。大学生坚持自觉发展，首先要对自身的发展有自主意识、自觉意识，即能把自身发展与社会发展联系起来，进行独立的价值判断与确认，克服对社会和他人的依赖状态，把自身发展作为自己在当代社会的生存方式。其次是要把自身发展置于当代社会的发展之中，适应并驾驭现代社会的开放性、竞争性、速变性、复杂性与多样性，不断改善不适应社会发展的传统观念与行为方式，坚持自觉发展，提高自身素质。最后是要根据我国社会发展的长远目标与发展要求，确立自身的理想信念，并在发展过程中不断扬弃自发发展的因素，在不断超越自身的进程中使发展目标更加具体、丰富，形成自觉的发展习惯。

大学生要实现自觉发展，单靠自身的体验与探索往往是难以完成的，必须确立面向现代化、面向世界、面向未来的观念，突破个体、家庭眼前的局限，接受现代化建设理论的"灌输"。这个理论主要是中国特色社会主义理论，即邓小平理论、"三个代表"重要思想、科学发展观、习近平新时代中国特色社会主义思想，只有学习、掌握并运用这一理论，才能确立明确的方向与目标，才能获得强大而持久的动力，才能把个体行为融入社会主义现代化建设的伟大洪流中，才能使自身真正进入高层次的自觉发展状态。这无论是对国家、民族，还是对自己、家庭，都是极其有利的。若满足于自发的发展状态，在当今竞争激烈的国际国内形势下，其视野、目标、动力、精神状态都是远远不够的。为此，高校思想政治教育要通过过去与现在、理论与实践的比较，帮助广大学生实现由自发发展向自觉发展的转变与提升。只有抓住这个转变，才能抓住个人与国家、理论与实践、眼前与长远的结合点。

2. 思想政治教育引导学生全面发展

所谓人的全面发展，就是按照人应有的属性，作为一个完整的人，以全面的方式占有自己的属性。物质性、社会性、精神性都是人的属性。生活在一定条件下的人，需要拥有生存与发展的物质条件、丰富的社会关系、充实的精神生活，并在这几个方面的发展取向上，既坚持全面又有所侧重，既发展特色又互不替代，以全面的方式发展自己。在不同历史时期，全面发展的内涵是不同的，全面发展是相对于片面发展而言的。在历史发展进程中，由于受生产力水平和社会政治制度的制约，人往往呈现出片面发展状态。

在当代社会条件下，引导学生全面发展，就要真正按人的属性，引导学生实现物质与精神、科技与人文、生理与心理、知识与能力等方面的全面发展，真正成为"完整的社会人"。改革开放以来，我们党制定了"一个中心，两个基本点"的基本路线，把发展经济、发展生产力、发展科技作为社会主导价值取向明确下来，把社会主义现代化建设作为当今中国的任务，从而广泛调动了人民群众的积极性，推动了经济的快速发展。为了避免历史上社会价值取向的片面性，我们党及时提出了加强社会主义精神文明建设的指导方针，反复强调物质文明建设和精神文明建设要"两手抓，两手都要硬"；要实现经济与政治的统一，在经济快速、多样发展的过程中一定要"讲政治"；要落实科教兴国战略和可持续发展战略，保证社会健康而长远的发展；要创造条件，保证人们思想与精神生活的全面发展以及人与自然、社会协调发展。这些理论、方针都为引导大学生全面发展提供了指南和准则。

但是，应当看到，大学生思想政治教育是在开放条件下和市场机制作用下进行的，西方的种种价值观，通过各种方式会对一些大学生的价值取向产生影响。市场竞争、社会竞争所进行的直接比较，会使一些大学生甚至一些学者对有形的，即物质的、可以量化与指标化的价值予以重视，从而忽视对无形的、难以量化与指标化的价值，导致价值取向的偏差。同时，社会上存在的"形象工程""政绩工程"，以及单纯追求经济指标与物质享受的现象，也会对大学生的价值取向产生影响。于是，一些大学生存在重物质轻精神、重科技轻道德、重生理轻心理的倾向，极少数学生甚至出现价值取向替代，做出与大学生身份不相称的事情。为此，高校思想政治教育必须结合开放环境、市场机制以及现实影响的实际，以马克思主义的全面发展理论和科学发展观为指导，从理论结合实际的高度，阐明全面发展的必要性与重要性，讲明片面发展的局限性与危害性，使思想政治教育真正按照人的本质特征和学生的全面需要进行。

3. 思想政治教育促进学生持续发展

所谓持续发展，是指人在实现现代化过程中立足长远并坚持不断超越自身的发展思想。人的发展和社会发展一样，也存在着眼前发展与长远发展、持续发展与间断发展、缓慢发展与快速发展的状态。社会要实施可持续发展战略，人必须实现全面、持续、长远发展。市场经济体制下的激烈竞争、现代科学技术发展的日新月异、社会信息传播的千变万化，以及终身教育与学习型社会的形成，都要求每个人坚持持续发展，也为每个人的持续发展创造了条件。

坚持个人的持续发展，必须把个人、社会、自然三个方面结合起来考虑，而不能把自身发展孤立起来，更不能把个人发展与社会发展对立起来。坚持持续发展，关键因素在人，人既是持续发展的目的，又是实现持续发展的手段。持续发展的实质是"以人为中心的发展"。

在现代社会条件下，社会、自然方面所出现的严重问题，绝不仅仅是科学技术上的问题，而在很大程度上是人的价值观问题、伦理道德问题。社会、自然的不平衡、不协调发展，归根到底是人的不持续、不协调发展的反映和表现。在大学生中，有一小部分人功利倾向过重，重物质价值取向和外在条件发展，忽视精神价值取向和内在人文精神，致使发展因动力不足而陷于迟缓，或取向不当而遭受挫折。也有极个别学生迷恋网络诱惑，乐于信息吞吐，在学习上疏离经典、满足世俗；在价值取向上躲避崇高、追逐感觉；在人际关系上缺少关爱、陷于形式，致使发展限于眼前利益而后劲不足，导致发展间断和缓慢。若对这些发展状况与发展障碍不予以正视和克服，高校将难以培养出有广阔、深厚发展前景的人才。为此，我们要通过思想政治教育帮助学生克服个人发展上的实用主义和急功近利倾向，树立做大事、成大才的目标，打牢思想与知识基础，增强发展后劲，切实把当前发展与长远发展统一起来。

培养学生的创新精神与实际能力，即培养创新人才，是我国面向21世纪教育的重点。所谓创新人才，是指具有创新精神和创新能力并习惯于创造性思维的人才。高校思想政治教育在培养大学生的创新精神方面具有重要的作用。因为创新精神是创新的灵魂，是创新人才进行创新实践活动的精神动力。它主要包括科学精神、奉献精神、团队精神、怀疑精神、批判精神等，而这些精神的培养正是高校思想政治教育的重要目标，是大学生思想政治教育的出发点和归宿。

创新精神首先是一种科学精神。要培养大学生的科学精神，就要有科学的世界观做指导。世界观教育正是大学生思想政治教育的根本所在，世界观教育的核心就是学习和掌握马克思主义基本原理，树立马克思主义的科学世界观。其次，创新精神是一种富有理想的精神。创新活动是一项艰难曲折的活动，需要顽强的意志与强大的动力。而理想信念教育是思想政治教育的核心，只有教育学生确立建设中国特色社会主义的共同理想，倡导共产主义的最高理想，才能使其获得创新动力，才能推进实践活动的开展。再次，创新精神是一种奉献精神。创新活动是一项风险性大、不确定因素多的活动，创新难免会出现失败，且要有牺牲。为此，思想政治教育必须培养学生艰苦创业、敢于创新、乐于奉献、不怕牺牲的精神。然后，创新精神也是一种团队精神。人际交往能力以及合作协调的团队工作能力，是团队精神的外在体现，团队精神也是集体主义精神的体现。在现代科技以综合化和高度社会化发展为特色的历史条件下，个体创新活动不可能孤立进行，只能通过人员、知识、条件的互补，才可能取得成功。因此，思想政治教育必须训练学生学会合作，培养其集体主义精神。最后，创新精神还是一种批判精神。因为任何创新都意味着对某种旧的概念、理论、规则的突破与超越，而这种突破与超越在一开始总是表现为一种怀疑意识、批判意识。思想政治教育要培养批判精神，就要坚持"解放思想、实事求是、与时俱进"的思想路线，以思想政治教育不断创新的实际行动，促进学生创新精神的不断增强。

第二节 大学生素质教育的重要性

一、素质教育与培养创新型人才

今天的大学生，明天将成为我国现代化建设的主力军。因而，作为大学生，我们必须清醒地认识到，无论是世界科学技术的迅猛发展，还是时代发展对人才的要求，均表现出了社会发展对人才数量和质量的强烈需求。因而，当代大学生必须适应时代要求，珍惜青春年华，勇攀书山，勤游学海，打造自身合理的知识结构和能力结构，开发自身高效的创造能力，努力把自己塑造成新一代高素质的综合型人才。

（一）智能结构及其优化

随着信息时代的到来、人才竞争的激化、科教兴国战略的实施、素质教育的实施，知识、能力、智能问题日益引起全社会的广泛关注。

1. 智能的内涵

智能是一个内涵丰富的概念，有狭义和广义之说。狭义的智能，仅指智力或者再加上技能和能力，统称为人们认识和改造世界的能力。广义的智能，是指一个人所拥有的能力和知识的总和。比如，人才学上的智能为识、才、学的统一；教育学上的智能为与德、体、美、劳相并列的智育方面的素质；即使是所谓科学文化素质，也不仅指所掌握知识的数量与质量，还包括获取和运用知识的能力。

知识与能力是既相互区别又相互联系，既相互作用又相互制约的有机整体。所谓能力是指人们运用科学文化知识认识和改造世界的智慧，所谓知识是指人们凭借能力认识和改造世界的经验结晶。人们学习知识须以一定的能力为前提，能力的高低制约着掌握知识的快慢、深浅、难易和巩固程度。同样，人们增强能力也须以一定的知识为基础，知识的深度和广度又制约着能力提高的快慢、大小、方向和巩固程度。所以，一般来说，知识随能力的增长而丰富，能力随知识的积累而提高。但两者并不绝对成正比例关系，因为能力的增强还同心理特征和个性倾向等非智力因素有密切关系，于是就出现了"高分低能"等现象。避免两者的反差、增进两者的统一，这也是我们将智能理解为知识和能力的总和的初衷。

2. 优化智能结构的意义

系统论认为，世间一切事物都是一个系统，是由若干要素按照一定的组合方式所构成的有机整体，而系统各要素间的组合方式被称之为系统的结构。这里，我们所说的智能就是由知识和能力两大要素所构成的系统，知识与能力的组合方式就是智能的结构。同样，知识与能力又是两个不同的子系统，并且有自己独特的结构。优化智能结构，对大学生成才具有重要意义。

第一，优化智能结构是发挥其最大功能的需要。结构与功能是系统不可分割的两个方面，结构是系统内部要素的构成方式，功能则是系统对外的作用功效，并且结构决定功能。石墨和金刚石都由碳元素构成，但其硬度却悬殊，其原因在于结构的差异。谚语"一个和尚担水吃，两个和尚抬水吃，三个和尚没水吃"和"一个巧皮匠，没个好鞋样，两个笨皮匠，彼此有商量，三个臭皮匠，赛过诸葛亮"之所以描述的对象功能不同，也在于其群体结构的不同。同样，个人的智能培养也是如此，不仅要看其知识能力诸要素的数量和质量，更要看各要素的组合方式是否合理、整体结构是否优化。只有建造其合理的智能结构，才能发挥个人的最大功能。

第二，优化智能结构是提高人才整体素质的需要。人才的素质是由德、识、才、学、体等要素有机组成的一个巨型系统。其中，识、才、学所构成的智能在整体素质中居于主体地位，智能结构的优化，必然从根本上带动整体素质结构的优化和功能的增强。培根认为："读史使人明智，读诗使人灵秀，数学使人周密，科学使人深刻，伦理学使人庄重，逻辑修辞之学使人善辩。凡有所学，皆成性格。"列宁说过："只有用人类创造的全部知识财富来丰富自己的头脑，才能成为共产主义者。"

第三，优化智能结构是适应知识经济发展趋势的需要。现代科学技术发展呈现出一系列崭新特征：知识总量急剧增长，知识陈旧周期日益缩短，知识转化为直接生产力的进程大大加快，高新学科进一步发展。这种知识增长的无限性同个人生命的有限性构成了一对尖锐的矛盾。正如古人云："吾生也有涯，而知也无涯。以有涯随无涯，殆已。""人生有涯知无涯，以有涯随无涯，其不殆乎？"鲁迅先生也指出："博学家易浅，专门家易悖。"要解决这一矛盾，唯一的出路就是学习知识要勤于选择，发展能力要善于扬长，即主动自觉地建造自己最佳的智能结构。

3. 智能结构的具体类型

人们的智能结构并非千尊罗汉一个样，而是各有优势、各具特色的。当代大学生应当从各自的实际出发，善于扬长，并从整体上打造一个"不拘一格降人才"的生动局面。下面介绍八种类型的智能结构。

第一，再现型。其显著特征是记忆力强、知识丰富，并具有突出的表达或操作能力，善于在实践中有效地再现知识和技能。

第二，发现型。其显著特征是分析、综合能力强，对学科前沿知识十分敏感，并具有丰富的想象力，善于在前人的基础上发现新规律，创立新学问。

第三，创造型。其显著特征是知识掌握灵活，求异思维能力强，实践经验丰富，并具有熟练的操作能力，善于提出新思路、发明新技术、创造新产品。

第四，博学型。其显著特征是兴趣广泛、博闻强记、知识丰富，并富于系统思维能力，善于在实践中为他人或群体提供有效的咨询和参谋。

第五，深邃型。其显著特点是兴趣专一，知识面窄而深，并具有精密的逻辑思维能力，善于在某一狭小领域做出重大的发明创造。

第六，灵活型。其显著特征是兴趣广泛，思维敏捷，知识面宽，应变能力强，善于从实际出发，不断开拓新领域、做出新创造。

第七，条理型。其显著特征是归纳与演绎能力强，知识精确，思维严密，操作条理性强，善于在实践中化繁为简、化虚为实。

第八，决断型。其显著特征是系统思维能力强，历史知识渊博，实践经验丰富，并富于直觉能力，善于在实践中做出明确的判断和及时的决策。

以上分类只是一种相对的划分。一个人的智能结构既可属于某一类型，也可同时兼有几种类型的特征。每个大学生都应当根据社会需要、专业方向和个人特点，科学构建自己最佳的智能结构。

(二)建造合理的知识结构

人的智能系统由知识和能力两个子系统组成。因而，智能结构的优化须以知识结构和能力结构的优化为前提。

1. 知识与知识构成

知识，就其内容而言，是人类对客观世界的现象及其规律的描述和揭示。从认识论的角度看，知识是人类认识世界和改造世界的精神成果，是人类实践经验的概括和总结。随着知识总量的激增，知识的功能也日趋扩大。知识经济正在崛起，并且将成为现代社会最有前途的支柱产业。知识已经同物质和能量一起并列成为世界三大资源之一，并且正在登上三大资源的首位。

（1）知识的主要特征

第一，知识具有认识性。知识作为人类对客观世界的现象及其规律的描述和揭示，可以消除人们认识上的不确定性，而获得对客观世界的事实认识、价值认识以至预见性认识，即客观事物是什么、为什么，它与人的关系如何，以及其内在规律和发展趋势。

第二，知识具有实践性。知识作为人类认识和改造世界的结晶，源于实践，指导实践，并在实践中接受检验、发展完善。没有实践就没有知识，也就丧失了知识存在和发展的价值。

第三，知识具有积累性。知识本身是无形的精神财富，但它可以通过文字图表、公式和语言等信息形式表达出来和记录下来。因而，知识既可以借助于骨、石、纸张、磁盘、光盘、电脑等载体积累在人类的知识宝库中，也可以通过大脑的生理、心理反应而储存在人脑里。而且，知识的积累与物质的积累不同，物质的仓库总是有进有出的，而知识的仓库却是有增无减的。

第四，知识具有共享性。知识不仅可以无限积累，而且可以广泛传播。微观上，知识通过各种人际交往而进行双向交流；宏观上，知识通过各种公共通信传媒进行更为广泛的传播。而且，知识的交流也不同于物质的交换。两人交换一个苹果，各自手中仍然只有一个苹果，不过是互易其主而已；但两人交流一种知识，不仅各自原有的知识没有丧失，而且获得了对方的知识，甚至这两种知识相碰撞还会产生新的知识。

第五，知识具有可塑性。知识的认识性、实践性、积累性和共享性，孕育了知识的可塑性。人们在生产实践中由感性知识上升为理性知识，再到实践中发展新知识，体现了知识的可塑性；人们在科研活动中，从知识信息的收集、整理、加工到创造新知识，也体现了知识的可塑性。同时，知识的可塑性也与物质的可塑性有别：知识的可塑性即知识的创造性；如果物质生产不伴随着知识的进步而生产，则物质生产只能是非创造性的。

知识的认识性、实践性、积累性、共享性和可塑性表明：知识就是智慧，知识就是力量，知识是人才必备的重要素质。

（2）知识的基本构成

知识，作为实践经验的结晶，经过全人类上万年的积累、交流和创造，已经汇聚成内容丰富、结构有序的宝库。虽然，每个人所需知识的质和量各自不同，但以下几类知识对所有人都是必需的。

第一，实践经验知识。指个人亲身实践中所获得的物质生产经验知识、科学实验知识、社会生活经验知识的总和。实践经验是知识的初级形态，还不够系统，但它是成为系统的高级形态知识的前导，因而也被称为前系统知识或潜在科学知识。实践经验知识属于感性认识，是关于事物现象及其外部联系的知识，但它是认识事物本质及其内部联系的基石和台阶。实践经验知识属于直接知识，具有直观性、具体性、实在性等优点，因而成为抽象理论知识、实际应用理论知识，并成为指导实践的中介和桥梁。所以，实践经验知识是人才的必备素质。

第二，文化基础知识。广义的文化包括科学在内。科学知识是指人类对客观世界的本质和规律的认识成果，包括自然科学知识、社会科学知识、心理科学知识。狭义的文化知识是指人类对客观世界与人的关系的认识成果，包括文学、艺术、宗教、道德、审美等知识，属于社会意识形态。这里所说的文化基础知识是相对于专业知识而言的。其实，几乎每类文化知识都已经具备专业知识的资格。我们之所以要将专业知识和文化基础知识加以区别，一是由于一个人要将所有的哪怕是几门文化知识当作专业来对待都是力所不及的；二是因为要学精某门专业知识必须以若干相近文化科学知识为基础。其中，政治理论、中文写作、外语和计算机知识是当代大学生需要重点掌握的。

第三，专业知识。指大学生集中精力重点学习的某类学科的系统知识。专业知识系统又分为专业基础知识、专业主干知识和学科前沿知识三个层次。专业基础知识，包括与专业主干知识紧密相关的一系列学科知识，它既是学好主干知识的基础，也可成为未来新的主干知识的出发点。专业主干知识，包括几门重点学科知识，它既是区分人才专业类别的标志，也是衡量其学识水平的依据。学科前沿知识，包括某一门专业主干学科的发展趋势与学术研究动态的知识，它既是大学生毕业设计课题的生长点，又是未来工作创造的最佳起点。大学专业与未来职业是密切相连的，每个学生都必须视为重中之重。

第四，哲学知识。作为一切科学知识结晶的哲学，是世界观和方法论，是智慧学。爱因斯坦指出："哲学是全部科学研究之母。"世界观和方法论不仅支配着科学家的头脑，而且支配着科学研究的全过程。问题只在于：是受正确的世界观和方法论的指导，还是受错误的世界观和方法论的指导；是自觉地接受支配，还是不自觉地接受支配。古今中外，凡是科学上的重大发明创造，都是自觉不自觉地运用辩证法和唯物论的结果，自觉性越高，成就也就越高；反之，一旦误入形而上学和唯心论的歧途，那就必然导致失败的命运。日本著名物理学家坂田昌一以自己的切身体会深刻地指出："现代物理学已经到了非自觉地运用唯物辩证法不可的阶段。"哲学对于自然科学家的成功尚且如此重要，对社会科学工作者的指导作用更是毋庸置疑了。学好马克思主义哲学，掌握这个最科学的世界观和方法论，是我们获得远见卓识的最佳途径。

2. 优化知识结构的几种模式

在知识结构的形成过程中，由于智力因素、非智力因素、客观环境及专业方向的不同，人往往表现出个体知识结构的独特性；但是一个合理的知识结构又表现出若干共同特征，尤其是对同一个专业来说，这种共同点就更多。现在仅介绍三种有代表性和普遍意义的模式。

（1）宝塔型（纵向型）

宝塔型由四层一梯构成。四层，即科学文化和实践知识、专业基础知识、专业主干知识、学科前沿最新知识和动态知识；一梯，即哲学知识。对于任何一个科技工作者和社会科学工作者，无论其成长还是发展都离不开一定的哲学世界观和方法论的指导。爱因斯坦曾经把自然科学理论体系比作"房屋"，把哲学比作"脚手架"。没有"脚手架"，万丈高楼就不可能平地而起；同样，没有哲学的指导，合理的知识结构就不能建立。

（2）蛛网型（横向型）

如经营管理人才知识结构模型，其特点是：以自己的专业知识即基本管理理论和科学为中心；以社会科学系统、社会技术系统、应用系统理论、领导科学、管理科学、群体行为学和人际关系学等相关的知识为网络的纽结；并把政治学、社会学/心理学、文化学、经济理论、数学和实践经验等相关专业理论和知识作为广泛外围。这是知识构成"根据地"和"游击区"的形象展示。

（3）飞机型（立体型）

这是大学生成才起飞的知识结构，形象地展示了大学生知识结构的基本要素及其连接方式和所具有的功能。其主体是圆锥式的机身，从机尾到机头四个层次分别为：文化科学知识、专业基础知识、专业主干知识和学科前沿知识。其尾翼是哲学知识，具有导向功能；其双翼是外语和计算机知识，若不过硬就难以起飞；其螺旋桨是德育知识，为动力装置；其起落架（双轮）为实践知识，缺乏它则难以成功起飞。

3. 合理的知识结构，要以宽厚扎实的知识为基础

在知识激增、信息激增的社会中，合理的知识结构毫无疑问已经成为创新人才必备的首要素质。一般而言，合理的知识结构决定着一个人创造性思维能力的强弱，决定着一个人创造性想象是否丰富。合理的知识结构有利于良好的思维素质的培养和高度创新能力的形成。然而，合理的知识结构是以宽厚扎实的知识为基础的。

所谓的"宽"，即要求在校大学生不仅要学习掌握完整系统的专业知识，而且要尽量拓宽自己的知识面。这是因为，一方面，从个人成才的角度看，创新不仅需要知识的深度，而且需要知识的广度。教育科学研究的结果表明，具

有丰富知识和经验的人，比只有某方面知识和经验的人，更容易产生新的联想和独特的见解。如求异思维作为创造性思维的主要构成部分和创新能力的重要标志之一，它的强弱与知识面的宽广直接相关。知识面窄，则想象力必然贫乏；知识面宽，见多识广，必然有助于丰富想象力的形成。想象力丰富必然有助于求异思维的增强，从而有利于创新素质的发展。

另一方面，大学生要想成为一代创新型人才，就不能只局限于精通自己将来所从事职业的某门学科的知识，而是要具备广博的相关学科的知识，尤其是相应的人文知识。因为素质教育所需要的人文精神，要求我们在平时的工作中，必须要有实事求是、追求真理的科学精神，团结协作、公平竞争的合作精神，坚守人格尊严、道义良知的人道精神，自由创造、自我完善的主体精神，公正平等、民主法制的理性精神，展现生存意义、追求崇高价值的理想精神，贡献社会、大公无私的奉献精神。而人文精神所包含的这一系列内容，是以广博的相关学科的知识为基础的，是以广博的人文知识为底蕴的。

所谓"厚"，对大学生而言，指的是系统而完整的专业基础知识。因为系统而完整的专业基础知识是合理知识结构的核心。大学生在未来的职业中，主要的职责之一是通过系统、完整、扎实的专业知识和技能完成自己所担负的工作；如果所具备的知识不完整、不厚实，不仅不能满足工作中对知识的需求，而且会影响自己思维的灵感度、流畅度与新奇度，甚至会严重地影响职业生涯中的创造性效果。

(三) 创新能力和创新素质

21 世纪的发展在于创新，21 世纪的希望也在于创新。创新是一个民族的灵魂，是一个国家兴旺发达的不竭动力。因而，立足今天，放眼未来，培养具有创新素质的创造型人才，已成为当今世界教育发展的大趋势。这就决定了今天的教育必须培养具有创新素质的创造型人才。

1. 创新能力

首先，创新最突出的特征就是其新颖性和独特性。创新的新颖性和独特性意味着只要是创新活动，不论成就大小、成效高低，必须产生前所未有的"新成果"，必须是标新立异的，否则就谈不上创新。

其次，创新的价值意义，即任何创新活动所产生的创新成果，必须有利于社会的发展和进步，也就是说必须具有社会价值，因为创新的根本目的就是为了推动人类社会的发展与进步。

创新能力是指运用发散、知觉、想象等思维方式、方法，对新事物和新目标进行改造，从而获得新发明、新发现、新技术、新产品、新成果而表现出来的思维能力。创新能力是个体最重要的并对社会最有意义的思维能力。创新就是创造出前人所没有的知识和经验，并将其提供给社会使用，从而产生整体的、深远的社会效益。社会的发展前进就是靠这种思维能力来发挥作用的。社会知识宝库的不断扩大，就是创新思维活动历史积累的体现。可见，社会要发展前进，就必须大力提高人们的创新思维能力，从根本上提高思维素质，培养出更多的人才，创造出更多的物质财富和精神财富。

高超的创新能力是以完整的知识体系和合理的知识结构为基础的，虽然合理的知识结构本身并不能显示高度的创新能力。一般而言，创新若没有合理的知识结构为基础，就会成为无源之水、无本之木。能力结构中最能体现其创造性的表现为以下两个方面。

(1)善于观察、敏锐预测的能力

前面讲过创新首先需要的是创新意识，而在创新意识形成的多种因素中，善于观察是最重要、最基础的因素。只有具备科学的观察方法和较强的观察能力，才能发现不同事物的个性特点和相互联系，才能发现知识与知识、事物与事物之间的空白点，才有利于在事物的相似性与差异性的统一中产生联想，从知识和事物的空白处找到创新的突破点。当然，善于观察又必须建立在敏锐预测的基础上。一方面，从一定意义上来讲，人们能否敏锐地预测现实与潜在的社会创新需求直接决定着创新的价值程度。也就是说，敏锐的预测能力，不仅可以避免创新中的盲目性，而且可以提高个人创新的自觉性和有效性；不仅可以满足社会的创新需求，也有利于自觉开发自身的创新潜能。另一方面，敏锐的预测能力主要指的是科学的预见能力，是指在已有科学理论所能说明和解释的范围内，科学地预测其未知的个别事物和现象，或者是根据已经掌握的事物的结构，科学地预见其性能；根据已经了解的事物的性能科学地推测其内在的结构，或者是根据事物发展的过去和现在科学地预测其未来的发展趋势等。创新的过程中都离不开类似的这种科学的预测能力。

(2)独立思考、深刻分析的能力

在善于观察、敏锐预测的基础上，创新能力的提高有赖于独立思考、深刻分析的能力。这是因为，观察与思考是一个相互联系、不可分割的整体，没有观察，思考缺乏现实的基础；而没有思考，观察就不可能升华，其结果是不可能形成一定的认识，观察也随之失去其价值。所以只有在观察的基础上独立思考，"去粗取精、去伪存真、由表及里、由此及彼"，才能对事物有所认识、有所发现、有所创新。可见，独立思考是创新活动的关键环节。而独立思考所得出的新认识、新见解、新发现，必须依靠深刻的分析、判断及其综合能力。因为只有深刻分析，才能使科学的思考和认识向更深的层次发展，才能进一步揭示研究对象内在的组成因素和结构层次，从而取得新的科学发现和创新成果。

2. 创新意识和创造性思维

创新素质包括创新意识、创造性思维、合理的知识结构、高度的创新能力以及顽强的意志品质等几个方面的内容。

（1）创新意识

要创新必须首先具有创新意识，因为创新意识是人们自觉地、有目的地进行创造活动的前提条件。创新意识表现为好奇心、想象力、敢于冒险、敢于向困难和权威挑战等心理倾向。简单地说，创新意识就是求佳意识。这种意识可以激发、引导人们去思考问题、怀疑问题、提出问题、探索问题、解决问题，进而创造出新的思想、新的方法、新的技能技巧、新的物质产品……没有创新意识，创造性思维的培养和创造能力的发挥和提高便无从谈起。显然，创新意识是创新的前提，没有创新意识，就不可能激发创新的意愿；没有创新意愿，根本不会有创造性的成果，永远不可能成为创新型的人才。

（2）创造性思维

创造性思维的核心问题是创新，是提供新颖的、有价值的思维成果。它不仅包括提出新问题、发现新事物、揭示新规律、创造新方法、创建新理论，还包括发明新技术、研制新产品、创作新作品等思维过程。不难看出，创造性思维的特点是新颖性和价值性。创造性思维是人类思维的高级表现形式，是人类开拓未知领域的高级思维。

创造性思维主要由以下几种思维要素构成。

①求异思维与求同思维。

求异思维指的是对同一问题寻求不同的甚至是奇异的答案的思维方式和思维过程。求异思维不局限于已有知识和经验的束缚和影响，往往从各个不同甚至是不合常规的角度去思考问题。其特点是思维活跃、不拘一格、标新立异、异想天开，能多方位、多角度、多学科、多手段对某一问题进行思考观察，不受任何拘束地做出多种解答，而且往往是答案越多其创造性越大。因而，可以说思维的求异性突出表现为质疑思维、侧向思维、逆向思维。质疑思维即不唯书、不唯上，不受已有知识和经验的束缚，敢于提出问题，善于挑毛病，并在质疑的基础上推陈出新。侧向思维，即不把自己的思维局限在人们已有的思路和方法上，采用被人忽视的思维，从问题侧面转换观察分析的角度，往往可以使人耳目一新，收到意外的效果。逆向思维，即从相反角度考虑问题，不遵循人通常思考问题的思路和方法，而是反过来以对立的甚至完全相反的角度突破常规思考问题、分析问题，常常能收到出奇制胜的效果，做出突破性的发明创造。逆向思维对于解决疑难问题、创立新的学科都具有特殊的意义。

可见，拥有求异思维的人更容易觉察奇特的、不寻常的或令人困惑的事情，能比别人更快地发现知识的空白，发现事物的不完善，发现结构成分的短缺，能很快地注意到被别人忽略的某一问题的关键所在。

求同思维指的是从所给定的信息中产生具有逻辑性的、独有的、最好结论的思维形式。其特点是思维深刻、精确，有严密的逻辑性和说服力，对于某一问题仅有一种正确答案或最佳选择。

创造活动包含提出问题、解决问题和充实完善三个阶段，求异思维和求同思维是相互交替又相互协调地发挥作用的。求异思维首先使创造主体提出尽可能多的问题和假设；接着在两种思维的共同作用下，经反复比较、选择，从众多假设中选出最佳方案；最后，由求同思维调动创造主体的一切知识和经验材料，精心落实最佳方案，经过严格加工整理、充实完善，最终完成创造性成果。

②想象思维与类比思维。

想象思维是对记忆中的表象进行加工改造，并建立新的完整形象或揭示本质规律的思维形式。这种思维形式凭借记忆表象，通过形象思维，对头脑中接收和存贮的各种信息，进行加工、排列、重组，创造出新的未曾存在过的事物。想象思维具有创造性、综合性和间接性的特点。具体地讲，其创造性，在艺术塑造时表现为创造性的形象思维，而在科学创造时则表现为科学的猜想；其综合性，表现为从"模特儿"到典型形象的塑造，或从个别现象猜测到一般原则和普遍规律的揭示；其间接性，表现为引发物和创造物之间有一个大脑中的想象物。

类比思维，就是从两个对象之间已知的某些相似属性出发，推测其另一些未知的相似的思维形式，有举一反三、触类旁通之功效。

类比和想象的主要区别在于：想象既有同类求新方式，又有异类求新方式，而类比只能在不同对象和不同领域中进行；想象具有更多的形象性，而类比则富于更多的逻辑性；想象的着眼点具有整体性，而类比则为某些个别属性；类比的有效性与对象间的相似性成正比，而想象则无拘无束、不受限制。

在科学发展的前沿阵地，由于资料奇缺、方向不明，没有现成的途径和现实的程序可循，因而想象和类比思维具有较大的适应性和更高的创造价值。爱因斯坦说："想象力比知识更重要。因为知识是有限的，而想象力概括着世界上的一切，而且是知识进化的源泉。"康德说："每当理智缺乏可靠论证的思路时，类比这个方法往往能指引我们前进。"

纵观人类的科技发明创造史，任何一项发明或发现都可以说是科学幻想和创造想象的产物，任何成功的创造发明都离不开想象。事实上，所有伟大的科学家与发明家都是由于自由运用了他们无与伦比的想象力，才创造出了令人惊叹的科技成果，是想象为他们插上了创造的翅膀。无论是牛顿从苹果落地发现了万有引力定律，还是鲁班从发现野草上的齿牙到锯子的发明，都是想象与类比的成就。

③直觉思维和灵感思维。

直觉思维，就是人脑对于突然出现在面前的新事物、新现象、新问题及其关系的一种迅速的识别、敏锐的洞察、直接的本质理解和综合的整体判断。它有点像直感，但是直感只能认识事物的现象和外部联系，而直觉却能直接洞察事物的本质，迅速领悟客观规律。直觉的产生具有复杂的内在心理机制，它既是逻辑程序的高度简缩，也是想象过程的高度简缩。直觉思维的产生，与掌握牢固的科学知识、丰富的知识经验以及积极地从事实践活动有密切的关系。直觉在生活中有重要的价值，是创造活动的重要特征。

爱因斯坦根据自己科学创造的实践，得出结论说："我相信直觉和灵感。"他一再强调，在科学创造的过程中，"从经验材料"到提出"新思维"之间，没有"逻辑的桥梁"，必须诉诸灵感和直觉。

灵感，英文中原意为"天启""神灵的感应"，常给人以神奇之感。其实，它是创造者在艰苦探索的基础上，由于偶尔改变思路，而导致大脑高度兴奋，难题顿时解决的一种思维顿悟。这种顿悟不像通常人们研究某个问题时那样运用逻辑推理，一步一步地由已知达到未知，而是一眼看穿事物现象的本质，连自己也不知道这种看法是怎么得出的，它就从脑海里突然涌现出来了。

在创造性活动中，人的思路常常受阻，有时针对某一问题会百思不得其解，处在"山重水复疑无路"的困境中。然而，经过艰苦的思考和探索后，人又会突发奇想，常常突然步入"柳暗花明又一村"的崭新天地。灵感是一种常见的现象，是"长期积累，偶然得之"的思维火花的迸射。正如柴可夫斯基所说："灵感是一个不喜欢拜访懒汉的客人。"任何灵感的产生都是"十月怀胎、一朝分娩"的结果，是当事者对某个问题或某项技能长期思考、不懈探索的结果，是一种不耗费"踏破铁鞋无觅处"的心血，绝对不会是"得来全不费功夫"的思维成果。

(四)创造能力的培养和提高

创造能力是人的能力结构的核心和尖端要素，那么，提高创造能力就成为大学生智能培养的主攻方向。由于创造能力是由创造性心理、创造性思维和创造性方法各要素构成的完整结构及其所发挥的整体功能，因而创造能力的培养须从其各要素的优化入手。

1. 优化创造性心理

创造性心理是创造能力的非智力因素，对其智力因素的发展和发挥具有制约或促进作用。大凡成功者均具有良好心理素质。大学生一方面要培养创造性心理品格，另一方面要排除创造性心理障碍，以充分开发自己的创造能力。

（1）培养创造性心理品格

1979年诺贝尔物理学奖获得者温伯格认为，"对自然的进攻性"，"这种素质比智力更重要，往往是区别最好的学生与次好的学生的重要标准"。创造心理学认为创造性的个性心理品格具有以下特点。

①强烈的求知欲。对新知识、新事物十分敏感并无限向往，兴趣广泛，学而不厌；对自己的学识、成就虚怀若谷，永不满足。

②卓越的独立见解。不唯书，不唯上，善于知疑、质疑，进行独立思考，具有独立提出问题和解决问题的能力。像马克思那样，对前人创造的成果，用批判的态度加以审视，重新探讨和检验。

③有胆有识，敢于冒险。胸怀大目标，敢于逾越常规，探求未知；浑身是胆，勇于向世俗挑战，除旧布新；不怕失败，临危不惧，富于献身精神。马克思有句名言："在科学的入口处，正像在地狱的入口处一样，必须提出这样的要求，这里必须根绝一切犹豫，这里任何怯懦都无济于事。"只有勇敢的人，才能进入科学的殿堂。

④一丝不苟，具有恒心。既敢于大胆地假设，又善于细心地求证；专注于事业，目标始终如一，态度锲而不舍；一丝不苟，信念坚定，不达目的誓不罢休。有人问牛顿是怎样提出他的著名定律的，他回答说："我只不过无时无刻不在思考它。"

⑤务实求佳，不尚空谈。不满足于纸上谈兵，一旦产生新的思想，就急于进行尝试，化虚为实；并且在实施中力求做出最佳方案、最佳效率、最佳绩效。这样一来，往往成功的周期短，成名的机会多，成绩显著，影响深远。

（2）排除创造性的心理障碍

相对于创造成功的人而言，失败者除智能因素较差外，主要是由于非智能因素的心理障碍造成的，为此，大学生必须注意克服。

保守（刻板）心理，是指思想的保守性。具有这种心理障碍的人，不易接受新事物，缺乏创新意识，往往被陈旧的传统观念和方法所束缚，从而阻碍其创新意识的产生。要克服保守心理，就要解放思想、更新观念，培养创新意识和开拓精神。

定式心理，即思维定式。具有这种心理障碍的人，习惯于同一思维程序和思维方法，缺乏思维的多端性、伸缩性和思维的转移能力，使各种观念在头脑中形成固定的思维模式。这种习惯性的思维程序在创造过程中，往往使人思路阻塞。要克服定式心理，必须培养发散思维，加强辩证思维，扩大知识面，增强想象力。

自卑心理，即指不相信自己的能力和水平的一种心理特点。存在自卑心理的人，处处自叹不如人，妄自菲薄，丧失自信与自尊，从而不能自强进取，更谈不上创新。有人称自卑心理为"创造的麻痹症"。要克服它，必须培养自信心和自尊心。

狭隘心理，是指主观武断、无自知之明，不能接受不同意见的心理品质。狭隘心理严重的人，往往缺乏思维的广阔性，不善于从全方位、多角度进行考察，因而常常陷入形而上学和主观片面的泥潭而不能自拔。克服狭隘心理，必须加强辩证唯物论的学习，加强信息的交流，学会系统分析的方法，积极参加综合性的创造性实践活动，不断拓宽思维的广度。

更为普遍的是，由以上这些心理障碍产生的一系列错误认识，严重地影响着人们创新意识的培养和创造潜能的发挥。例如，最常见的错误认识有以下两种。

第一，"只有天才才能创新，我们是平凡人，不可能创新"。这些人错误地认为创新是天才的专利，是专家、学者、大师的专利，平凡人是谈不上创新的。事实上，平凡人的生活中处处体现着创新，如普通工人的技术革新、服装设计师设计出新的服装款式、教师琢磨出新的教学方法等都属于创新，都是创造力的体现和应用。实际生活中人人都有创新的可能，处处都需要创造性劳动。不断地创新是人所具有的本质特征，并不是少数人的专利。

我们不否认有些人具有过人的天赋，如有速算才能、记忆力强、反应敏捷、学习成绩优异等，但是这些条件对创新而言不是必备条件，也不是充分条件。为什么呢？因为数学家不一定有速算才能，有速算才能也不一定能成为数学家；对于记忆力也是一样，在某种意义上，理解比记忆更重要；反应敏捷诚然可贵，但即使反应迟钝，如能抓住本质的东西并锲而不舍、善于联想和发挥、刻苦深钻，同样能进行创新；许多学生时代的学习尖子没有成为科学家，相反，许多"普通"学生后来却做出了杰出的贡献。著名数学家高斯两次考大学都没考上，爱因斯坦和希尔伯特在学生时代都不突出，后来都成为了举世闻名的大师，对科学事业做出了不朽的贡献。

第二，对待创新的另一种错误看法是"我懂得少，基础差，不能创新，只有懂得多的人才能创新"。其实并非如此。像建立解析几何的笛卡儿和费马：费马是用业余时间从事数学研究的；笛卡儿是哲学家、物理学家和生物学家，仅用小部分时间从事数学研究。科学史上常常有非专业人员做出了专业人员做不出的贡献的例子。例如，微生物世界的发现、手术消毒方法的提出，都不是生物专家和专业医生的贡献。微生物世界是列文·虎克发现的，而列文·虎克终生是以看门为职业，以磨镜片为业余爱好，他通过他的镜片看到了微生物世界。生物学家巴斯德借助这些镜片，发现了手术后高死亡率的原因。他虽然不是专业医生，从未给病人动过手术，却提出了手术消毒的方法，对医学做出了杰出的贡献。

还有巴金的代表作《家》、曹禺的代表作《雷雨》和《日出》，都是青年时代写的。尽管后来他们的知识比青年时代更渊博、更丰富，却不能认为他们后期的作品一定比早期更成功。郭沫若写《屈原》时没有读过《李尔王》，写《虎符》时没有读过《东周列国》，他甚至认为如果读了这些书就写不出来了。广义相对论的数学基础是黎曼几何和张量分析，爱因斯坦创立广义相对论时既不懂黎曼几何也不懂张量分析，这些知识都是后来学的。因而，从某种意义上来说，只有创新，学习才会有目标和动力，才是一种真正意义上的学习，真可谓在创新中学习、在学习中创新。

2. 重视创造能力的培养

创造能力是主体最重要的能力，是为人类知识宝库增添新成果的能力，是主体综合素质和综合能力的表现，是观察能力、认识能力、研究能力和发现能力的综合体现，必须高度重视这些能力的训练，最终培养和提高创造能力。

（1）观察能力

观察能力是指对现实事物的过程进行观察，从中发现事物特征、情况、细节、规律和问题的能力。它是认识能力和实践能力的基础，影响着心理活动和实践活动。观察能力是从感觉、知觉和表象的基本形式开始的一种认识能力，而感觉是对事物个别属性的反应，知觉是对事物整体特性的反映，表象是对事物的印象。因此，观察能力涉及感觉器官的灵敏性和思维的敏锐性、深刻性、严密性。观察是从事物的变化过程中寻找答案的，这就要求观察必须是客观的和符合规律的，不能掺杂主观添加的成分。结论、假设只有在得到观察结果的证实后才能被认定。

有效的观察需要注意以下几点。

①目的性。要有明确的目的，即明确观察的对象、观察的要求、观察的步骤和观察的方法。

②系统性。要按照一定的顺序进行，以保证不遗漏应该获得的材料，如时间顺序、空间位置、内部结构、外部特征等。

③协调性。通过各种感知器官的协调作用来提高效果。观察是为了保证信

息的有效输入，记忆是观察结果的存储和检验，观察对记忆有重要的作用。观察决定记忆效果，能加快记忆速度，直接关系到记忆的可靠性和牢固性。

观察能力与以下一些因素直接相关：①浓厚的兴趣；②知识的掌握程度；③观察角度的选择；④是否善于从细节中把握事物的特征；⑤求知欲望的强烈程度；⑥是否能够留心意外的现象；⑦做好观察总结的能力。

（2）认识能力

认识能力是人脑加工、储存和提取信息的能力，即人们对事的构成、性能与他物的关系、发展的动力、发展方向以及基本规律的把握能力。它涉及接受、观察、分析、综合、联想、抽象等能力。对事物的认识和把握主要表现于认识事物的内容、形式、性质、过程、属性、特点、规律、发展方向和趋势等要素。

认识需要以知识经验为根据，通过观察学习材料，分析各部分之间的联系和关系，概括要点和实质，总结特点和规律，从而不断丰富和发展主体的知识结构，同时也就提高了认识能力。一个人的认识能力具体体现在他的认知思维活动过程之中。认知思维的指向目标是获得某种认知结果，可存在于科学研究中，也可以存在于实践活动中。科学研究是认识思维的典型形式，其目标就是实现对自然规律的认识。

（3）研究能力

研究能力指面对一个难题能够突破并找到答案的能力。社会需要、部门任务所提出的课题都是一些需要解决的问题，有一定的复杂性和难度，是一种具有开拓性和创造性的工作，需要一定的准备和耗费一定的时间和精力才能够完成。研究能力包含认知能力、实践能力、操作能力以及这些能力中包含的各种分支能力，其中发现能力和总结能力尤为重要。

研究是一种探索性思维。一般要经过以下几个环节：①针对任务、目标和需求提出课题；②认清课题的现状与意义；③分析原因、因素及关系；④提出解决办法；⑤准备条件、调查研究，获得有关的情报资料；⑥组织实施，监控和调整进程；⑦反复试验，修正。

探索型思维的任务是发现问题和解决问题，具体要通过研究能力来实现，要求主体具有很好的敏锐性、观察力、洞察力、思维的广度和深度、知识与经验的专一性和熟练度；要求主体冷静、沉稳、坚毅、不畏艰难、具有耐心和耐力、细致、周全、严密、深刻、善于思考、有创造性、有好奇心和钻研精神。

（4）发现能力

发现能力指从外界众多的信息源中，发现自己所需要的、有价值的问题的能力。发现能力是思维的敏捷性、深刻性、广阔性、灵活性、主动性等品质的综合反映，是创造性思维活动中最重要的能力，是推动社会向前发展的强大动力。

发现能力具体表现为对思维对象的求新思维过程，分为两种类型：一种是学习性求新思维过程，通过学习来掌握对某个人来说未知的知识；一种是创造性求新思维过程，旨在获得新的知识，包括新的发现、新的发明或其他新的创造。

个人所具有的发现能力主要取决于以下因素。

①对某一领域知识经验的丰富程度，当遇到问题时，主体依靠已有的知识经验就能够分辨出它是已知的还是未知的，从而确认发现对象。只有勤于学习与实践才能丰富自己的知识经验。

②具有独立认识问题的能力。对未知问题能够进行客观、深入、细致的分析解剖，从中发现其内在的本质特性与规律，这就为解决问题提供了思路与方法。

③具有必备的操作技能。新的发现最终要通过实际操作得到成果，或者是能够动手操作和运用有关仪器设备操作的。勤于实践并多学几种手艺，就能提高操作能力。

④丰富的想象思维能力。问题往往是复杂的，解决问题就需要在头脑中预先运作各种知识、观念、线索、联系，从中搜索和找到有用的方法、手段、材料、工艺等，最终获得成果。只有勤于思考、善于动脑、长期坚持，才能训练出良好的想象思维能力。

3. 掌握创造性方法

成才主体的创造实践不仅需要良好的创造品格和发达的创造性思维，还需要科学的创造性方法。同样，成才主体创造实践的每一步骤和环节都离不开一定的科学方法。方法得当，事半功倍；方法不当，事倍功半，甚至导致创造失败。

创造的方法主要分为以下三个层次。

第一，具体方法。具体方法是科学方法论的最低层次，主要由各种科学技术工作中的技术手段、操作规程、技能技巧等构成。它是创造性实践活动的最直接的技术手段。菲佐用"劈开光束"的巧妙办法，攻破了光速测量的难题，这是一项科学上的具体方法。詹纳用种牛痘的免疫方法，成功防治了凶恶的天花，这是医疗上的具体方法。再如车工的操作法、水稻的栽培法等。要成为各行各业的人才，首先要熟练地掌握各行各业最基本的方法。巴甫洛夫曾经指出，科学的发展往往是随着方法的突破而不断进步的。

第二，一般方法。这是从各门学科研究方法中概括出来的具有共性的方法。现代科学的一般方法有观察、实验、比较、模拟、归纳、演绎、分析、综合、假说以及数学方法、合理化方法、理想化方法、控制论方法、系统论方法等。掌握一般方法的规律、原则、特点，可以指导我们更正确、更自觉地运用专门方法和具体方法，更好地完成各项研究任务。例如美国阿波罗登月计划，前后约 11 年，参加者有来自 2 万家公司、200 多所大学的 30 多万人，耗资 255 亿美元，如果对其不采用系统论的方法进行科学的组织管理，那么要让它取得成功是不可想象的。

第三，哲学方法。这是以哲学原理、范畴和规律作为基础，适用于包括自然科学和社会科学在内的一切科学的方法。它处于方法论的最高层次，不能代替低层次的方法，但它是一切方法论总的指导思想。

自觉地运用哲学方法，是取得科研成就的根本原因。日本物理学家坂田昌一提出了"复合粒子模型"，对基本粒子研究做出了贡献。他说："恩格斯的《自然辩证法》就像珠玉一样放射着光芒，始终不断地照耀着我 40 年的研究工作，给予了不可估量的启示。"

总之，优化创造性心理、重视创造能力培养、掌握创造性方法，对大学生的成才具有重要意义。当代大学生要想成为知识渊博、富有创造能力的人才，必须下决心优化自己的知识结构和培养自己的创新能力。

二、素质教育与塑造大学生健全人格

随着市场经济的建立和完善，高等学校的功能已经由单纯的育人功能变为育人和科研并重的双重功能，因此，高等教育与国际接轨并适应社会主义市场经济是历史发展的必然。适应市场、服务社会、与经济接轨是目前高等教育的改革方向。从某些角度看，高等教育具有和经济活动相似的规律和特征。但教育所面对的是人，它具有多种功能，除经济功能外，教育还有政治的功能、文化的功能和全面育人的功能。而这些功能单用经济的规律和商品的特征来概括是不全面的、非科学的。因此，高等教育中的科研成果和高科技产品应该与市场经济接轨，只有这样，高校才能生存和发展；但教育中的素质教育是绝对不能"商品化、市场化"的，只有培养有理想、有道德、有健全人格的高素质的人才才是教育的根本任务。

(一)实施人格素质教育的重要性和必要性

素质教育中首要和重要的内容便是人格素质教育。人格决定一个人的命运，同样也决定和改变着社会与世界。社会主义的教育事业需要具有高尚品德和健全人格的人才、需要培养出跨世纪的"三个面向"的"四有"人才，如此才能担当起祖国现代化建设的宏伟大业。

1. 重要性

教育的根本目的是培养全面发展的人才。就教育本身而言，有两个层面的含义：一是哲学层面，包括教育的本质、宗旨与理想；二是教育的科学层面，涉及教育的组织形式、管理制度、课程设置等。

一般来说，在讨论教育时，往往更注重教育的科学层面，如进行教改、加强管理、提高教学质量及升学率等，旨在培养出有技术、有能力的高级专门人才，却容易忽视教育的哲学层面。教育的真正意义不仅在于使学生获得知识和技能，其更高宗旨在于通过教育使学生的人格朝健康的方向发展，学校的使命是培养既有知识又有道德的人。

教育者的责任不仅仅是传播知识与技能，更重要的是引导学生树立正确高尚的人生观和价值观，也就是培养有高尚品德和健全人格的全面发展的人，用所学的知识回报国家和社会。

马丁·路德·金曾说过："真正的教育目标乃在于德智兼顾，而且德育重于智育。"罗斯福曾说过："教育一个人的知性而不培养其德性，就是为社会增添了一分危险。"因此，人格素质教育是十分重要的。

2. 必要性

自古以来，我国的教育崇尚的都是"德育先行"的教育思想。

我国的儒家思想等从根本上说主张的是"人格素质教育"先于"才能教育"，《大学》中则更明确提出"大学之道，在明明德，在亲民，在止于至善"。人格教育是全面教育的基础，只有在人格教育完善的基础之上进行的才能教育，才是一种全面的教育，培养的学生才会是"德才兼备"的人才；也只有这样的人才才能积极地为国家做贡献，才能改变和推动社会的发展。

中华人民共和国成立以来，我们党的教育方针和目标早就明确了"德育"的重要地位，培养"有理想、有道德、有文化、有纪律"的"德、智、体"全面发展的社会主义事业的接班人，高度概括和体现了我党的全面教育思想，正是在这种教育思想和教育方针的指导下，我国培养了一大批德才兼备的社会主义的建设者和接班人。

中华人民共和国成立以后，学校所有的教材都设置了德育的内涵，人人都懂得知识与道德对一个国家和社会同等重要，塑造健全的人格、培育全面发展的人才是我们每一个教育者神圣的历史使命和责任。帮助青年学生发展良好品性的教育目标在我国教育体系中占有非常重要的地位，为我国培养了一大批社会急需的建设者和接班人，为我国的经济建设、国防建设做出了巨大的贡献。

改革开放以来，我国的教育步入了正轨且进入高速发展的轨道，特别是"科教兴国"战略的实施和邓小平"科学技术是第一生产力"论断的提出，我国的教育发展出现了前所未有的大好局面；尊重知识、尊重人才的社会风气为教育培养德、智、体全面发展的人才提供了积极的外部条件；"面向世界，面向未来，面向现代化"的教育观念在教师、学生和社会成员中深深扎下了根；将学生培养成为德、智、体全面发展的人才在社会上蔚然成风。教育迎来了又一个春天。

但是，我们应该清醒地认识到，在社会主义市场经济的发展过程中，社会的各个方面在不断深化，随着各种利益关系的不断调整和对外开放的不断深入，一些负面影响也给教育带来了前所未有的冲击："应试教育"的影响使得我国的中小学教育重智育轻德育，把智育放在素质教育之上而置人格素质教育于无足轻重地位的现象在局部地区仍然存在。高等教育中也少量存在"专业面过窄，重知识的灌输，轻能力的培养，缺乏全面素质的提高"的现象。目前部分高校遇到的困扰主要是个人行为问题、心理问题、品性问题及其他社会问题的出现和增多，如以自我为中心、追求名利、及时行乐、肆无忌惮等与社会道德标准严重背离的现象，因此，实施人格素质教育势在必行、刻不容缓。美国当代杰出的教育家托马斯·立可纳博士在其所著的《人格教育》一书中指出："有史以来，教育所追求的目标都是双重的，一是帮助青年开启智慧，二是帮助他们发展良好的品性。当人类的科技力量变得越强大时，心智与人格的力量也必须随之增强。"

(二)大力实施人格素质教育，培养德才兼备的人才

几年来，为培养全面发展的高素质人才，各国都在适应性地修正教育目标，由单一的知识传授向素质教育转型，由培养"才能"型人才转向培养"全面"型人才。因而，推行素质教育已经成为 21 世纪教育的发展趋势和当今的国际潮流，尤其是人格素质教育的推行，包括美国等西方国家在内，人格素质教育已经重新成为社会关注的焦点。如美国，近几年兴起了推行人格素质教育的新潮流。曾经美国的公立学校很少有推行人格教育的意识，如今在全美各地已经施行或正在计划施行人格教育的学校已达 20%，校园的诸多问题已经使教育者们逐渐明白，德育与智育必须齐头并进。美国还出现了专门的人格教育组织，如"人格教育伙伴""共有社会网络""伦理与人格促进中心"等，通过学校教育及这些组织的努力，人格教育在短短的几年内就显示出了很大成效。日本过去的教育目标的顺序为"智、德、体"，在渡过了教育危机和尝试了此种教育带来的多种弊端后，意识到了"人格素质教育"的重要性，也将教育目标改为了"德、智、体"的新的顺序。

在我国，全面的素质教育已推行了很多年，经过努力已卓有成效，但"人

格素质教育"的实施则显薄弱。如何在现有的素质教育中突出"人格素质教育"是我们教育工作者应该思考和实践的。

人格可以定义为：引导一个人做出高尚行为的内在品质，是一种与当代社会和文化交融形成的稳定的个人心理特征。一个人的心理成熟程度决定着他的人格品性的高低。一个成熟的人应具有高尚的品德、正确的价值观和健康良好的习惯，追求为社会、为集体而努力进取的典范人生。

人格素质教育包含心理素质(心情)教育和规范教育。心情教育指责任感、世界观、人生观、爱国爱民情操等教育；规范教育包括道德教育、伦理教育和个人行为教育。针对目前大学生的人格素质现状，大学教育应将政治思想教育、社会实践和自我教育有机结合起来，促进学生的人格朝健康、积极、全面的方向发展。

1. 以德育教育为核心，培养学生优良的思想品德素质、崇高的爱国主义精神

德育是教育的核心，遵从德育原则，采取有效措施，坚持社会主义育人的标准，培养大学生优良的思想品格。通过"两课"的教学、形势政策课的讲授、举办不同形式的讲座、利用读书兴趣向学生推荐好的书籍等方式影响学生群体人格。在大学生中倡导高尚的品德，弘扬正气，包括坚定正确的政治方向，树立崇高的爱国主义精神，对祖国和民族有高度的责任感、义务感和牺牲精神；积极追求真理，对事业有强烈的献身精神，具有高尚的思想品德、崇高的精神境界。

2. 以班级建设为基础，引导学生崇尚进取的人生观、确立正确的价值观

人格教育的基础是被人类社会普遍认同和珍视的价值观。诚实、尊重、勇敢、勤劳的美德在各国的价值观中都能找到。班级要经常组织形式多样又贴近学生思想的班团活动，引导学生建立正确的价值观、崇尚积极进取的人生观、选择良好的人格品质作为自己人格塑造的依据，如自信、开朗、勇敢、热情、勤劳、坚毅、谦逊、善良、正直等积极人格品质。树立远大的理想、勇于开拓、富于创新、将自己的命运和祖国的前途联系在一起，这是人格教育的中心任务。理想是人格的灵魂，只有树立为国家、为民族奋斗终身的理想的人，才具备高尚的人格。

3. 以养成教育为重点，帮助学生养成良好的个人行为和健康的心理素质

养成教育即规范教育，需要教育者自己拥有积极正直的人格，在学生中树立自己的权威、主动接近学生、认识学生、了解学生，有效地指导和锻炼学生做人行事的正确态度和行为；在抓班级建设和日常管理中，注重思想工作的深入落实，利用集体氛围，强调道德纪律，培养学生良好的习惯，让学生经过纪

律的约束和锻炼而变得更加自律，以便自觉遵纪守法，尊敬他人，形成良好的班风校风；培养学生的合作能力，让学生在班级活动中相互交流、相互学习、相互服务，学会信任、尊重、负责、接纳等优良品质以及解决冲突的办法，锻炼意志力、自控力和自律力，培养和谐的人际关系，对世界充满爱心等。

善于合作的人格品质对一个人进入社会是非常重要的。良好的个人行为来自健康优良的心理素质。心理素质是人格的重要组成部分，因此，在培养学生良好的个人行为的同时，还需通过多种途径加强学生心理素质教育，引导学生正确认识自我、评价自我，增强学生的心理承受能力，指导学生正确对待失败，以一个积极健康的心理去面对一切。

三、素质教育与促进大学生全面发展

市场经济对大学生的能力和素质提出了新的要求和评价标准，即要求大学生成为"一专多能"的复合型人才。"一专"指的是具有扎实宽厚的专业基础，"多能"指的是具有较强的应用能力、创造能力、表达能力、交往能力和基本的管理能力。

（一）努力提高应用能力和创造能力

1. 努力提高应用能力
（1）应用能力的内涵

应用能力，即综合运用所学知识进行分析和解决实际问题的能力，可以解释为两个步骤：运筹—行为。

运筹，也就是人们在面临各种不同的场景时，自觉或不自觉地运用自己所掌握的知识，对实践目的和实践方法做出选择的过程。在这一过程中，心理上的矛盾和冲突是在所难免的，而人的运筹能力也就是在这一复杂的心理运动过程中得以展现的。在这里，果断的品质是十分重要的。所谓果断，就是人们在较短的时间内，及时、准确、迅速、合理地根据各种情况进行运筹决策并毫不犹豫地做出决定、执行决定的心理表现。它需要较快地考虑到各种情况，果断地从几种可能中选择一种——当然在条件允许的情况下，一个果断的人，可以较为从容地分析情况，从而做出正确的判断。

行为，是将运筹得来的结论付诸认识和实践的过程。而行为能力，则是执行运筹方案、处理和解决各种问题的能力。在行为过程中，常常要付出巨大的努力、经受心理的考验，并需要忍受种种由行为本身或行为环境带来的不愉快的体验，因而要以坚韧而灵活的方式，克服行动中的内部困难和外部困难。

（2）应用能力的时代意义

当今世界，面对新技术革命和提高综合国力的严峻挑战，各国都把培养21世纪所需要的人才作为提高国力、迎接新科技革命挑战不可缺少的手段和条件。经济的竞争，归根到底是教育的竞争、人才的竞争。因此，教育改革和发展成为全球十分关注的问题。在这一点上，我国香港地区的大学因受西方的教育思想影响较大，所以在这方面做得比较超前。

据实际调查，香港的名校无不以培养人才、服务社会为办学宗旨。例如，香港大学校纲中提出要"培养出在知识、社会、政治、道德以至物质的发展方面有能力做出贡献的毕业生"；香港科技大学要"为香港及邻近地区的经济和社会发展培育英才"；香港理工大学更是以"回应香港各行各业对专业人才的需要，为香港培育专业人才"为教育的出发点。据此，各校在致力于学术与研究的同时，均注重培养学生"学以致用"的精神与能力。

（3）联系实际，提高应用能力

作为新时代的大学生，应在平时就注重培养应用方面的能力。实际操作能力也就是动手操作能力，它是实验能力、制作能力和工艺能力等的统称，也是应用能力的一个重要方面。所谓"心灵手巧"正是指的这一点。古今中外的能工巧匠和其他领域里的精英人物往往有着出色的实际操作能力。世界上许多对人类进步有着重要作用的创造发明，都依赖于人的实际操作能力。

古代大思想家墨子不仅在学术界独树一帜，影响极大，而且是一个精于机械的工程师。他曾做过木匠，手艺很巧，能使木鸢飞动，又会制造载重50吨的车辖，还造过守城的器械。三国时期的蜀汉名相诸葛亮和俄国的彼得大帝都是杰出的政治家，又都有着很强的动手能力。前者曾发明了"木牛流马"用来运粮草，既快捷灵活又省力；他发明的"连弩"能够"十矢俱发"，是当时威力最大的弓弩。后者曾经到西欧诸国进行考察，深入学习了造船技艺和绘制平面图的要领，还坚持参加了几次外科手术，以最快的速度学会了有关拔牙的要领，并且还会铜板雕刻。

美国学者哈里特·朱可曼在研究诺贝尔奖获得者的平均年龄时发现，理化两科获奖者的平均年龄小，原因当然是多方面的，但其中有一点就是：理化两科获奖者的动手机会多，思维活动频繁，从而促进了智力的发展。

2. 注重培养创造能力

（1）创造能力的内涵

什么是创造能力？这是教育界及心理学、脑科学研究的热点问题。我们认为，所谓创造能力，就是观察能力、注意能力、分析能力、想象能力以及操作能力等诸多能力的综合应用能力，即调动和运用各种能力的能力。由于创造的核心在于"新"，即创造的结果是新思想、新概念、新理论、新方案、新工艺、新技术、新方法等的出现，所以创造能力亦称为"创新能力"。

①创造性人才的素养，在智力品质上应该有：

合理的知识结构——涉足本领域的基本专业知识及相关领域的辅助知识，有利于"创新"的专业知识的构成。

合理的智能结构——自学能力、观察能力、理解能力、文字与口头的表达能力、组织管理能力、动手操作能力、科学方法论及创造性思维能力。

评价鉴赏能力——能运用知识和智能，认识事物的规律和本质，把握发展方向，预测未来及后果的能力，在决策、应变、统筹、发挥优势等方面表现出来。

②创造性人才的素养，在非智力品质上应该有：

创造的动力因素——有创造的需要、有创造的动机与理性胆识。

创造的行动心理——有创造的兴趣及敏感性、创造性思维方法。

创造的特殊思维心理——如灵感、直觉、顿悟、机遇、好奇心等。智力因素与非智力因素平衡协调发展，才能培养较强的创造能力。

（2）解放思想，培养创造能力

大学生创造能力的培养有三方面的因素，即客观环境、主观努力、教师的素质训练。

知识结构是创造能力的基础。大学生要培养创造能力，首先要有完善合理的知识结构；此外，还应具备一些必要的其他知识与意识，如"专利意识"等。大学生应记住一句格言：学习前人经验，走自己的道路，早日进入角色。

①善于发现和捕捉有疑问的问题。

多积累，反复翻阅，对启发新思维有好处，在不同时期可以得到不同层次的解决方法或答案。爱因斯坦认为，善于中肯地发现问题，就解决了问题的一半。尤其对社会问题而言，调查就是解决问题。积极参加社会第二课堂，是发现问题、进行实践的好机会。

②珍惜学习中的实践环节。

每次实验、实习、社会考察，都是探索自然和社会奥秘的机会，既有学习，也有发现的内容，本身就是一次小型科研活动。

③撰写科技论文是创造才能的标志之一。

实验分析家要拿出科学的数据、理论家要提出自己的框架体系、产品设计家要拿出受社会欢迎的新产品，即必须将成果写成论文发表，才能得到社会的承认。学术论文是研究成果的体现，是创作与创造活动的一部分。把学习中有独特见地的设想撰写成文章，也是进行创造的具体表现。

④认真参加课程设计及毕业设计(论文)工作。

对多数大学生来说，这是第一次创造性活动的演习，要收集大量的资料，自己分析取舍，用自己的知识能力去解决实际问题。这是一个锻炼创造能力的绝好机会，所以一定要珍惜。

(3)做开拓创新型人才

做一个开拓创新者，首先要有从实际出发的态度和战略，不唯书，不唯上，敢于大胆探索，创造新手段，开拓新路子。从实际出发，是唯物主义的思想路线和根本原则。是唯书、唯上还是唯实，这是衡量一个人有无探索勇气和开拓创新精神的一个重要尺度。不唯书，不是不要读书；相反，对于马克思主义的理论著作及其他科学著作，我们应该认真学习，努力用革命理论和科学知识武装自己，重视用理论指导实践。不唯上，不是不要领导，而是要更好地贯彻下级服从上级、全党服从中央的原则。

做一个开拓创新者，就要有披荆斩棘的勇气、征服艰难险阻的毅力、应对"不测风云"的胆略以及化险为夷的能力。明天的世界是青年们的，只有开拓创新才能让明天的世界更美好。

(二)练就较强的表达能力

人类交往主要借助语言媒介来完成。大学生步入社会以后，无论从事什么工作，都必须与人打交道，必须与他人交流思想、感情，这些日常的面对面交谈或演讲、编辑文书、撰写工作报告等，都离不开语言媒体。因此，我们这里所讲的练就较强的表达能力主要包含口头表达能力及文字表达能力两个方面，实际上就是要求大学生要通晓和把握语言艺术，并能灵活地加以运用。

1. 语言的含义

语言是传播活动的媒介，是一种用以传递信息的符号系统。瑞士语言学家索绪尔在他的《普通语言学教程》中指出，语言(指词)是一个"符号"，它是一个概念和音响形象的结合体。换言之，作为语言符号的词，是内容和形式的结合。例如"书"这个词，内容就是它的含义，也就是概念，即"装订成册的著作"；形式是词的音。于是，索绪尔进一步提出，语言符号是一种两面的心理实体，它既是一个指号系统——"能指"(即词的音响形象)，同时又是一个蕴含意义的系统——"所指"(指词的概念)。在交际中，语言符号的"能指"和"所指"还使人们联想到客观世界的具体事物。这样，在语言交际中，词语便成了一个三元体。其他一些语言学家也都从不同角度对"语言"做了阐述。在语言学界，一度达成了这样的共识，即语言是以语音为物质外壳、以词汇为建筑材料、以语法为结构规律构成的体系。

随着现代信息科学的发展，人们所应用的"语言"的概念，其内涵和外延也更宽泛了，如"视觉语言""人体语言""雕塑语言"等，这些"语言"指的都是一种广义语言。现代信息科学认为，"语言"就是传递信息的符号系统，通常我们所理解的狭义语言(口语)及其文字表现形式(书面语)都不过是这种广义语言中的特殊形式。现代人们越来越获得了共识：人类所通用的符号语言，除了口语及其书面形式的文字语言之外，还包括了表情语言、肢体语言、装饰语言等。

狭义语言虽然是最重要的一种语言形式，却并不是现代社会中唯一的交际工具。我们常常可以看到人们用指点、挥手、扬眉、注视等动作来传递信息。所以，在现代科学中，语言早已超越了通常的"自然语言"的语义界限，而被广泛地理解为能够储存和传递信息的符号系统。从这个意义上来说，表达能力的培养也就不仅仅限于能说会写，而是应该拓展到人际交往过程中礼仪的领域。

2. 口头表达与书面表达

(1)口头表达

以说和听为形式的口头表达即有声语言。它包括交谈式和独白式两种形式。

交谈式口头表达，就是在答问、谈心、访问、接待等活动中，常需要有问有答或有说有听的交谈来完成彼此间的交流。

独白式口头表达是指在演讲、报告、会议发言等活动中，需要一人讲众人听的表达方式。

在日常人际交往中，口语及广播语是口头表达的两种最主要的形式。

①口语。

口语不同于一般的书面语，它是一种明白流畅、生动活泼而又不失庄重典雅格调的语言形式。

在一切应酬、介绍、寒暄等社交场合，离不开口头表达；即使在非正式的场合，如家人、朋友、同事、上下级之间的联系，也要用口头语言来表达；在谈判、辩论这类严肃认真、针锋相对的谈话场合，更需要高超的口语来表达，如对外交往中的外交语言、国际大专辩论赛上的辩论语言等。另外，口语还经常被用于演讲、报告等非双向说话的场合。领导与员工的谈话、编辑与作者的谈话、营业员与顾客的谈话、推销员与买主的谈话也都经常使用口头表达。由此可以看出，口头表达适用于任何场合，是一种非常重要的语言表达形式。

由于受交际的时间、地点、条件等方面的限制，口语表达需遵循以下原则。

通俗易懂原则。选用词语首先要让人能听懂，忌用冷僻、晦涩的词语，否则会造成沟通、交流的失败。如赵南星写的《笑赞》里有这样一则笑话：一秀才买柴，曰："荷薪者过来。"卖薪者因"过来"二字明白，即把柴担挑到他面前。秀才问曰："其价如何?"因"价"字明白，对方说了价钱。秀才又曰："外实而内虚，烟多而焰少，请换之。"卖柴者不知其所云，便挑担而去。笑话中的买卖过程，也可看作我们日常的口语交往过程，因选用词语不易被人听懂，秀才未买到柴。

规范典雅原则。通俗易懂并不是要用俚俗鄙亵的词语，因为一个人的谈吐直接影响到其自身的形象，因此，也应选用规范典雅的口语。

词语色彩中性化原则。在人际交往中，一般应采用不强调褒贬的中性词语，以缩短与他人的心理距离，达到沟通的目的；切忌自夸自大及背后说他人长短，否则时间长了会引起他人的反感。

词语表达恰如其分原则。即把握好遣词造句的分寸，不要过分，防止使语意走上极端。比如，适度的赞美可使对方产生愉悦的情感，但过分了，只会适得其反。

②广播语言

广播语言是一种需要稍做准备的语言表达方式，一般用作演讲、报告、辩论等比较正式的场合。这种语言相对于口语来讲显得更为规范、典雅、富有感染力。有时，广播语言需借助覆盖面很广的传播媒介，因而在效用和传播范围上是其他语言所无法比拟的。

(2)书面表达

书面表达，即将有声语言用文字的形式记录下来或录下音来，并进行信息传递的表达方式。书面表达有以下三种常用的文体：公文体、新闻体、广告体。

①公文体。

公文体是机关、团体、企事业单位相互联系事务的各种书面语言(如谈判协议、会议纪要、电文和通知等)所采用的文体。

公文体讲究程式，按照使用的场合形成若干固定的格式，这是公文体区别于其他语体的特点。公文体要求文字简练、句式简单、措辞准确、语言清楚确定，且概括性强，保留着较多的文言色彩。

②新闻体。

新闻体是公报、通讯和消息等的书面文本所采用的文体。

新闻的生命在于真实，即报道的是人们可以核对的事实。因此，在新闻体中要保证内容的可靠性。新闻体是面向社会大众的。由于各种新闻传播承担不同的任务以及面对不同的公众，客观上要求新闻体要有多种语言风格，才能满足不同对象的需要。

③广告体。

广告体是各种媒介(报纸、刊物、招贴、广播和电视等)传递产品、服务或观念等信息的书面语言所采用的文体。

广告的成功与否在于语言材料的选择与组合。生动活泼的语言能动之以情、晓之以理，使公众产生丰富的联想。当然，广告语言一定要客观真实，不应夸张吹嘘。

3. 培养独特的语言风格

语言风格是语言运用中各种特点的综合表现。由于人们运用语言的方式、方法不同，从而形成不同的风貌、格调，在交际中各有用途、各具特色。要想练就较强的表达能力，除了通过多读书、读好书来拓宽自己的知识面、增加自己的文化涵养之外，还应注意把握以下几类语言风格。

(1)简洁精练

简洁精练是以最经济的语言手段输出最大的信息量。在交际中，简洁精练的语言常常能比繁杂冗长的语言更吸引人。它能体现出说话人分析问题时思维快捷，见解深刻，是其认识能力高超的体现。这一语言风格也是时代风貌的反映。现代社会节奏快、人们时间观念强，说话简洁会给人一种干脆利索的感觉，尤其为人推崇。所以，我们要努力培养自己简洁精练的语言风格。

第一，头脑里要存有一定量的材料，并且临场交际要善于选用恰当达意、言简意赅的词语来表达思想，不要让一条简短的信息淹没在毫无意义的修饰成分、限制成分和无谓的强化成分之中。

第二，要抓住要点，使语言中心突出、切中要害，不要东拉西扯、言不及义。

第三，思路清晰。说话前，对于自己要表达的思想非常清楚，安排好结构，条理清晰，逻辑连贯，层次分明，同时注意平定情绪，保持情绪稳定。这是理清思路的一个重要条件。

(2)生动形象

生动形象是语言魅力的基本要素。生动形象的语言把无形变成有形，把抽象变成具体，把枯燥变成生动，能够大大吸引听众的注意力。此外，它还是构成其他语言风格的基本手段。

语言生动形象需做到如下几点：第一，选用有色彩、有形象的词语；第二，运用各种修辞手法，如比喻、排比、拟人、夸张等；第三，要注意寓理于事。那种干巴巴的说教，往往使听者感到乏味。

（3）幽默风趣

幽默是人的思想、学识、智慧和灵感的结晶。幽默风趣的语言风格是人的内在气质在语言表达中的外化，在公关交际中有很重要的作用。

第一，幽默能激起听众的愉悦感，使人轻松、愉快、爽心、抒情。这样可以活跃气氛，联络双方感情，在笑声中拉近双方的心理距离。

第二，幽默的一个显著特点是寓庄于谐，通过笑的形式表现真理、智慧，于无足轻重中显现出深刻的意义，在笑声中给人以启迪和教育，产生意味深长的美感趣味。

第三，幽默风趣还可使矛盾双方从尴尬的困境中解脱出来，打破僵局，使剑拔弩张的气氛得以缓和。

第四，幽默风趣还有利于塑造交际中的自我形象，因为幽默风趣是良好性格特征的表现。

（4）委婉含蓄

委婉含蓄是指人在讲话或写文章时故意用婉转的语言，把本意暗示出来，使之意在言外，让人思而得之。委婉含蓄是人际交往的缓冲术，在自我表露时，可绕过一些难于直言的内容，在拒绝对方的要求、表达，不同意对方的意见或批评对方时，可以维护对方的自尊。这一语言风格在人际交往中具有润滑剂的作用。

培养委婉含蓄的语言风格，应注意运用以下几种表达方法。

一是运用模糊语言，即用外延边界不清或内涵上极其笼统概括的语言来表达。如"你很漂亮"，"漂亮"一词外延不清晰，但它使用得极为广泛，在西方已成为礼貌交往的一般性恭维话语。可以说，模糊语言为日常交际提供了许多方便。

二是运用修辞方法。有许多修辞方法，如比喻、借代、双关、烘托、暗示、省略、折绕等，可以达到委婉含蓄的效果。

三是运用语句置换。为了表达委婉，可采取变换某些词语、句式的方法。如当表示否定时，不用"不要……不应该……""不是……"等否定句式，而代之以"请您……"的祈使句式。这样语气缓和，不咄咄逼人，令人易于接受。

（三）掌握交往的原则和技巧

当一些社会学家在调查中问道"如果你到一个荒无人烟的孤岛上去，首先要带的是什么"时，许多人选择了收音机。这说明无论从人的生存和发展的本质，还是从当代社会发展的特点来看，人都是离不开自己的同类，人需要交往。早在距今2000多年前的《诗经》中就有"嘤其鸣矣，求其友声。相彼鸟矣，犹求友声。翙伊人兮，不求友生"的诗句，表达了人类渴望交往的愿望。

本节拟探讨一下现代人际交往的基本特点，人际交往中应该把握的原则及技巧等问题。

1. 现代人际交往的基本特点

（1）讲求实际

在现代社会条件下，虽然商品经济由落后趋向发达，生产力由低水平向高水平发展，但绝对"大公无私"的社会经济基础及由此决定的社会心理基础并不完全具备，人与人之间大部分的联系，取决于对方能否给自己提供帮助以及自己能否给对方合理的、力所能及的回报；也就是说，现代人际交往讲求实际、讲究互惠互利。如果在交往中双方能够为对方提供合理的、力所能及的帮助和回报，则会在长时间内保持良好的交往；一旦一方感到对方无论在精神上或物质上都不能使自己有所收益时，或感到对方的需求对自己是一种负担、一种累赘时，双方的关系便可能淡化、疏远甚至终止。

（2）注重效能

珍惜时间、注重办事效率，是现代人际交往的另一个重要特征。科技进步促进了经济发展，物质生活更加丰富，文化生活精彩纷呈，人们比以往更感到时间的紧迫。"时间就是金钱，时间就是生命"的观念深入人心，人们不希望在人际交往中反复考虑、犹豫不决、有意拖延，而明快、高效的交际受到普遍的欢迎。这与观念陈旧、思维迟钝、缺乏紧迫感的交际形成鲜明的对照。

（3）讲究技巧

与传统人际交往相比，现代人际交往的目的性明显增强。为了达到目的，人们往往依据心理学知识，学习和掌握人际交往的方法技巧，研究对方的人格特征和行为特征，破除陈旧的框架和固定不变的模式，采取灵活多变的方式，以达到交往的目的。

（4）接触广泛

与过去相比，人们需要更多的工作伙伴和朋友；社会生活的复杂性决定了现代人际交往具有广泛性的特点。人们的横向交际明显加宽，交际的空间距离增大，范围增宽，渠道增多，方式更为多样。人们穿梭于城市与城市之间，而城市生活中生产的流水化作业、公众集会、社团组织、娱乐活动、体育比赛等，使芸芸众生匆匆相聚又匆匆分离，形成人际交往频率高、时间短、接触广泛的活跃局面。

（5）缺乏深度

现代交际，一方面具有广泛性，即人际交往的视野开阔、人员众多、范围宽广、接触频繁；另一方面缺乏深度。由于世俗的影响，交际的功利性加强，交际的深度受到影响，深交（一般指知心朋友）的面有所缩小，每个人也许会和儿时交往密切、相知很深的亲属朋友、师长保持长期的联系，但和成百上千的人只能是泛泛之交；"闹市中的孤独者"增多，人们忙忙碌碌、迎来送往，又慢慢在交际中感到人与人之间缺乏理解、缺少真正的友谊。为解决这种情况，专家们提出"有限交往"的理论，即不求全方位的交往，只求某些领域的交往，比如棋友、牌友、茶友、球友等。我们不妨在交往的对象上只取其一点，以此为基础，同其建立良好的人际关系。这样，众多的呈射线状的"有限交往"便构成了我们全方位的交往网络；如果真正做到，我们就会拥有许多朋友。

（6）层次提高

随着物质和精神生活水平的提高，越来越多的人的社交由追求低层次需求的满足逐渐向高层次转化，更多的人已不满足于社交功能仅局限在生活中的相互帮助或一起喝喝酒、聊聊天。他们希望通过人际交往给自己更多精神上的满足，希望在交际中能进一步提高、充实自己，希望得到别人的尊重，希望展现自己多方面的才能。所以，松散的文学、艺术、体育团体及读书协会等群众组织明显增多。

2. 人际交往的基本原则

（1）真诚守信原则

真诚就是指一个人真心实意地待人处事，在交往中能做到胸怀坦荡、以诚相待、表里如一、言行一致、毫无虚伪。守信是真诚的具体表现，既不自欺也不欺人，做到言必信、行必果。真诚守信是做人的根本，也是建立良好人际关系最基本的道德准则。在人际交往中只有严格遵循这一道德准则，对人真诚正直、光明磊落，才能赢得别人的信任，才能建立良好的人际关系。

（2）理解原则

亲密和谐的人际关系需以双方相互了解和理解为先导。了解和理解是建立人际关系的起点，也是人际关系深入发展的基础。人们互不相识，毫无所知或知之甚少，又缺乏真正的理解，则很难结成亲密和谐的关系。大凡牢固的友谊，都是经历了一番相互理解和认识的过程后形成的。随着社会生活的日益多样化，社会成员之间、社会各阶层之间渴望互相理解的呼声日趋高涨。人与人之间的相互理解和信任，比金钱和物质更重要。要做到真正理解别人，必须学会辩证地、全面地、历史地分析对方。固然，和谐的人际关系是以理解为思想基础的，但若没有相互关心就谈不上和谐的人际关系。关心人从根本上说是一种利他行为。它是完全凭借内心的信念加道德良心所驱使的一种行为。因此，它最能揭示一个人的内部道德环境。我们都渴望得到别人的关心，应该想到别人也有同样的需要。

（3）尊重原则

既要尊重他人，也要尊重自己。尊重的需要是人的基本需要之一。尊重人包括对他人地位的承认、利益的维护、人格的敬慕、情感的接受、处境的体谅等。人的能力尽管有大小，贡献也不可能相同，但在人格上是平等的。如果自恃智力、能力或其他条件的优势而轻视别人，其结果必然会损害别人的自尊心，而得到别人同你疏远的回报。因此，人际交往离不开互相尊重，尊重他人的兴趣爱好，尊重他人的人格尊严，能大大提高人际关系的稳定性。在人际交往中，要想得到他人的尊重，还要自己尊重自己，在任何场合都应该注意言行得体、谦虚、自尊自爱。与别人相处时，固然需要迁就他人，持比较随和的态度，但不能无原则地迁就，在一些重大问题上必须坚持原则；一味地迁就也不会得到别人的尊重，自然也无从与人建立良好的关系。因此，自尊自爱、保持自身人格的完整性，是建立良好人际关系的重要条件，也是个人品德修养的重要方面。

3. 人际交往的规范和艺术

（1）交往中的语言规范

人际交往需要借助于一定的工具手段，而语言便是人们交往中重要的工具之一。

语言是沟通人际关系的桥梁，人们主要是凭借语言来交流思想和感情的。讲究语言规范，是创建良好人际关系的重要内容。因此，必须明确并在交往中遵循必要的语言规范。

第一，学会用文雅的语言。在日常生活中，同是表达一个意思，但使用的语言往往有美丑之分，这种差别会在人们心理上形成不同的感受。文雅的语言，使人听起来亲切、愉快。一句真诚的"您好""对不起""谢谢"，寥寥几字，可以沟通双方心灵。如果在交往中语言粗俗、出言不逊，就会使人反感，形成交往障碍。

第二，语言要简洁明了，用词准确恰当。在交往中，所用语言应尽量避免啰唆和不必要的重复，这样才能使对方清楚地了解你所要表达的思想和感情。同时，在语言表达上，还要做到用语准确、恰当，以免引起误解。

第三，使用的语言要适合交往对象。交往是双方的沟通，而不是单方的活动。所以，在使用语言时，要注意接收者的情况，如职业、文化、兴趣等，让对方容易理解和接受，这样才能真正起到交流思想和感情的作用。一般说来，交谈时声音不能过大也不宜过小，语气要与语义相适应。如果处理得当，不仅可以弥补语言表达的疏漏，而且可以大大提高交往的效果。

（2）交往中的行为规范

交往是人与人通过一定接触方式，实现信息交流和行为互动的过程。所以，交往双方的行为也是影响交往的因素。

交往的行为规范涉及很多方面，在交往中要注意以下细节。

第一，保持适当的人际空间距离。人们对自己周围的空间并不是任意开放的，而是存在一种"空间势力范围"。在与他人交往时，人们总是希望对方与自己保持一定的距离。由于对象不同，人们对相互间距离的要求也不同，切不可不分对象、随便冒冒失失地接近他人，否则会被对方看成缺乏教养而产生不满。

第二，要求用合适的身体姿态。人们的身体姿态是一种无声的交际语言。一般来说，在交往时应站有站相、坐有坐相。懒散歪斜是不好的，切忌在别人讲话时跷二郎腿、双手抱胸、左顾右盼、眼睛向上；否则，就会给对方留下极坏的印象。总之，在交往时应根据交往对象，采取适当的身体姿态，这样才能形成融洽的交往情境和气氛。

第三，合理运用礼节性行为。在日常交往中，人们见面时通常首先相互致意，做出某种礼节性行为。由于世界各民族长期以来形成的风俗习惯不同，礼节性行为也是丰富多彩的。例如，点头、拱手、握手、鞠躬、拥抱、亲吻等，这些礼节性行为有助于融洽人际关系，使人产生一种亲近感；但必须使用得体，才能达到良好效果，否则将适得其反。

（3）交往中的仪表

两个素不相识的人初次见面，最能引起对方注意的莫过于仪表。一个人的仪表是否具有魅力，是影响他人对其最初印象的重要因素。仪表通常包括容貌、装束、姿态、风度等。一般说来，容貌秀丽端庄的人总比面貌丑陋的人易博得他人的欢喜；穿戴整齐、风度翩翩的人总比不修边幅、衣着邋遢的人显得更有教养。因此，在人际交往中，应注意仪表的妆饰，并以此来博得对方良好的第一印象，为进一步交往奠定基础。但应该注意，妆饰有很强的艺术性，在仪表妆饰中，首先要符合自己的年龄、身份，还要根据交往对象的不同而有所区别。

此外，在人际交往中，微笑的妙用、心境的把握和渠道的变通都可以使交往顺利进行或加深交往程度。

创建良好的人际关系，除上述行为准则以外，还要借助于社会学、心理学、公共关系学、美学、行为学等人文科学的知识，对具体的人际关系和社会交往进行深入分析和研究，以提高交往能力和效果。

(四)具备基本的管理能力

管理是人类各种活动中最重要的活动之一。在我们这个社会上，有些目标是个人的力量无法去实现的，必须依靠群体的力量，管理工作正是协调个人努力必不可少的因素。因此，组织管理能力是一个人适应未来社会所需综合素质的重要组成部分。

1. 管理的性质与目的

管理就是设计和保持一种良好的环境，使人在群体里高效率地完成既定目标。如果将这一定义展开来理解，主要包含以下几层意思。

(1)每个人在实施管理的过程中，都要执行管理的五种职能，即计划、组织、人事、领导和控制。

(2)管理适用于任何一级组织。现代管理思想认为，管理是一切组织的根本，它适用于各种大小组织、营利的和非营利的企事业以及服务性行业。管理的科学与艺术决定着一个组织的生存与发展。

(3)管理适用于各级组织的每一位工作人员。可以这样说，每一个人既是管理的被动对象，又是管理的主要策划人。一个组织贵在充分调动每一位职员的管理积极性，从而达到优化组合。

(4)对于企业来讲，管理的主要目的很简单，就是谋求利润。但是，利润实际上仅仅是一种尺度。从真正意义上来说，各类组织，不论是企业还是非企业，所有工作人员实施管理的主要目的，应该是创造盈余——创造一种环境，使人们在这个环境里，投入最少的时间、资金、原材料和个人的辛劳，完成集体的目标；或者说，他们在这个环境里，使用现有的资源完成预期的目标越多越好。

(5)管理作为一门科学和艺术，关系到一个组织的效益(经济效益与社会效益)与工作效率。

2. 管理的职能(要素)

现代管理理论的创始人法国人亨利·法约尔在其《工业管理与一般管理》一书中，即把管理的要素看成是管理的各种职能——计划、组织、指挥、协调和控制。

(1)计划

编制计划包括选择任务、目标和完成计划的行动。编制计划需要做出决策，也就是说要在各种方案里，选择将来的行动路线。计划分为很多类型，大到总体目标规划，小到琐碎的每一天的行动计划。

计划是在我们现在所处位置和预期目标之间架起的一座桥梁。因此计划的

突出特点不仅仅是指引进新事物，也指那些行之有效的措施。有了计划就能将不能成为现实的事物变为现实。此外，虽然计划不能准确地预测未来，但是，如果没有计划，工作往往会陷入盲目或者碰运气的局面。

为完成任务创造条件时，最重要的因素是使每一个人了解到目前面临的目标和应完成的任务，以及为完成目标和任务所应遵循的指导原则。换句话说，一个组织如果想使集体的努力有成效，必须让每一位成员了解到他们在一个时期内完成的工作任务是什么。

（2）组织

人们在集体里为实现某种目标而一起工作时必须担任某种角色，正像演员在戏剧里扮演角色一样，不论这些角色是由他们自己创造的还是偶尔扮演的，还是为了去达到集体目标、需要某些人做出具体贡献而指定他们扮演的特定角色。"角色"一词是指人们做一项工作时应有明确的目标或目的。只有让工作人员明确自己的工作任务是构成集体工作的一个怎样的组成部分，才有可能给他们必要的权利、手段和信息去完成任务。

野炊这个简单的集体活动安排可以说明上述内容。假如想组织好这一活动，使活动有成效，可以让每一个人去做他愿意做的工作，比如可以分配一两个人去拾柴火，让另外一些人去取水，再让另外一些人负责架设篝火、做饭，效果可能会很好。

因此，组织工作是管理工作中的一部分，这部分就是让每个人去担任他适合的角色。所谓精心策划，就是把为了完成任务而必须做的一切工作都分配给具体的人，同时也希望这些任务能指派给最能胜任的人。

组织结构的宗旨是为了创造一种促使人们完成任务的环境。它是一种管理手段而不是目的。虽然组织结构不一定要规定必须完成的任务，但是，由此而分配的角色，必须根据现有人员的才能和积极性进行拟定。拟定一个有效的组织结构并不是一件轻而易举的事情。要使其适应各种情况、应对许多难题，该结构不仅要确定必须完成的工作，还要物色合适的人选。

（3）指挥

管理中的指挥工作起到了承上启下的作用，具有艺术性。它要求指挥人员必须谙熟整个管理的各个流程，同时也是计划制订的参与者，并且还应该具备镇定、灵活、果断的风格。指挥的作用在于能够使有限的资源（包括人力、物力等）发挥出最大的效能，从而有条不紊地完成既定的计划。

（4）领导（协调）

领导工作指对工作人员施加影响，让他们对组织和集体的目标做出贡献。这主要涉及管理工作的群众关系方面。由于接受领导意味着服从，而大家往往愿意跟随那些能满足大家需要、愿望和要求的领导人，所以领导要有好的作风和方法，要与群众交流思想。

（5）控制

控制工作是衡量和纠正下属的各种活动，从而保证事态的发展符合计划要求。控制工作按照目标和计划评定工作人员的业绩，找出消极偏差所在之处，采取措施加以改正，从而确保计划的完成。计划指导员工使用各种资源，完成具体目标，然后由控制环节进行检查，以确定是否与计划吻合。一般来讲，控制活动与衡量工作成绩有关，利用有关手段来衡量和显示计划是不是顺利地实施；假如偏差持续存在，就表明应该加以纠正。

3. 管理者必备的才能

有效管理的实施，需要管理工作者具备从技术到设计的各种才能。这些才能的相对重要性根据组织的层次有所不同。

（1）技术才能

大学生的知识结构要合理、全面，既要有广博扎实的文化基础知识，又要有精湛深厚的专业知识；不但要掌握必备的辅助知识，又要学会一些日常的应用技术知识。现代化的管理要求管理者既是通才，又是专才。

（2）与人合作的才能

社会发展有两个根本动力，一是合作，二是竞争。因此，现代科学技术的迅猛发展及学科细分化与细分后的重新综合就要求每一位社会成员要具备与他人共同工作的才能，这是一种合作的力量。它开创一种宽松的环境，使人们感到放心，并可以自由表达意见。

（3）设计才能

设计才能指采取对组织有利的方法解决问题的能力。要成为一个较高层次的有效管理者，不仅要能看出问题，还必须具有作为一个优秀设计工程师的能力，能找出实事求是地解决问题的办法。如果管理者仅能看到问题，只是一个"问题观察家"，那就不是称职的管理者。管理者必须具有可贵的才能，可以根据他们面临的现实设计出一个可行的解决问题的办法。

4. 管理者所必需的个人特点

有效的管理者除了应具备多种不同的才能外，具有以下几种个人特点也很重要。

（1）有管理的愿望

成功的管理者有从事管理、影响他人以及通过与下级的共同努力取得成就的强烈愿望。诚然，很多人想要的是管理者所拥有的职位、特权，包括较高的地位和优厚的薪金，但他们没有靠创造一个人们能为一个共同目标一起工作的环境去取得成功的基本动力。实现管理的愿望要奋斗，要付出时间和精力。

（2）与人交往的才能及感情交流

管理者的另外一个重要特点，是要有能通过书面报告、信件、谈话和与人交往的能力。交往要有明朗的态度，但更重要的是，要会交流感情，要有理解别人感情的能力，并能应对交往中经常出现的意外情况；要做到有效地在组织内交往，也就是与同一单位的人进行交流，同时还要善于同组织以外的人交往。

（3）正直和直率

管理者必须道德高尚、值得信赖。管理者的正直包括在和他人交往中要诚实，努力使领导了解本人的情况，坚持公平正直，坚信品质的力量，坚持举止行为符合道德标准。

总之，具备较强的应用创造能力、表达能力、交往能力和管理能力是时代和社会对大学生素质提出的要求。大学生要在大学的学习和生活中通过各种途径和方法积极培养以上能力，努力把自己培养成适应性强、具有开拓创新精神的高素质人才，从而在未来社会的科技、经济竞争中立于不败之地。

第三节　大学素质教育的实施

一、要把素质教育真正融入到专业教育中去

高等教育具有专业性，必须以专业教育的形式来实施已成为共识。在高等学校全面推进素质教育的时候，如何处理好素质教育与高等教育的专业性及专业教育的关系，直接决定了在高等学校推进素质教育的基本思路与实施效果。

1. 素质教育主要是一种教育思想，专业教育是高等教育的实施形式，二者之间并不存在必然的对立

所谓素质教育，是一种旨在使学生形成相对完善的综合素质的教育，它主要是一种思想教育，所要强调的是在教育过程中充分发挥学生的主体性，以形成和发展学生良好的个性心理品质。

高等教育的专业性是指高等教育必须面向特定的职业，按学科分门类实施教育和教学。

在高等学校倡导素质教育，主要是为了规避过窄的专业教育所带来的种种弊端。但是，也如同在中小学教育中推进素质教育主要是为了校正"应试教

育"的偏差而并不一概地反对考试一样，在高等教育中推进素质教育与专业教育本身也不存在必然对立。高校素质教育所针对的，是现有专业教育背后所隐含的过于功利的教育观，包括在培养目标上只强调适应当前职业与岗位需要、在教育过程与方法上强调特定教育与特定能力素质的一一对应等。

2. 高等学校推进素质教育应贯穿在专业教育教学计划规定的各门课程教学之中

专业性与专业教育源于社会的专业化，是社会分工不断细化的结果。相对于原始的相对综合的教育而言，专业化教育使教育有了深度。进入现代社会以后，高等教育必须以专业化的形式来实施，因而其必然具有专业性，真正意义的通才教育(甚至包括全面发展)只能是教育理想而难以付诸实践。问题的关键是，我们对于作为现代高等教育必然形式的专业教育本身，应该有更全面更深刻的认识。专业性与专业教育使高等教育有了深度，但同时忽略了必要的宽度，而真正意义的深度又必须以适当的宽度为前提。从这个意义上来讲，我们可以说，专业性与专业教育生来就有一种局限性。我们虽然不得不在高等教育中采用专业教育形式，但我们必须意识到高等教育绝不仅仅意味着专业教育，同时必须了解其内在的不足并设法规避。

当前，在高等教育界越来越多的人认识到，高等学校推进素质教育应贯穿在专业教育教学计划规定的各门课程的教学之中。也就是说，在高等学校推进素质教育，不应绕开专业教育，而应以专业教育为实施素质教育的主战场。这并不是说通过现有的专业教育即可达到素质教育之目的，显然，现有的专业教育必须按素质教育思想进行改革。如果高等学校依然把推进素质教育看作政治课和思想品德课教师和辅导员的事，将其内容仅视为举办若干人文讲座、在教学计划中增加若干人文学分，而不打算对包括专业教育在内的全部高校教育内容和方法按素质教育思想进行改革，那么，在高等学校推进的素质教育终会成为专业教育的点缀与装饰。

鉴于过去专业教育更注重教学生"做事"而忽视教学生"做人"、更重专业技能而忽视综合知识的不足，各高等学校在推进素质教育时，通过举办人文与自然科学讲座、开设通识课程等方式加强对学生的人文与通识熏陶，这是必要的。在当前，强化高校素质教育的人文与通识取向，将使它更具有现实感召力。但高校素质教育毕竟不等于人文教育和通识教育；而且，大学生人文与通识素养的提高，也不完全是通过专门的人文课程或知识训练就能达成的，渗透于专业教育中的人文与通识陶冶有时起着更持久、更深刻的作用。

至于专业教育的改革，主要应从以下三个方面去展开。

一是拓宽目标，增强适应性，强化开拓素质，改变仅盯着现有职业岗位的基本要求去确定培养目标的偏差，同时针对学生的个性差异，不以统一规格要求所有学生。

二是要改革人才培养模式，强调弹性和多样化，使不同的学生有不同的成才方案和发展空间。

三是要转变传统的教育教学观，不再将教育过程等同于教学过程、将教学过程等同于认识过程，淡化教学这一认识过程的特殊性和学生发展这一重要内容，将学生非智力因素的发展排除于教学视野之外。

高等学校存在着一种普遍的偏向，即在推进素质教育时习惯性地将大学教育一分为二：其主体为专业教育，它继续以进行专门化训练为任务和内容；在专业教育之外推行素质教育，其内容为通识教育，试图以此来校正专业教育的弊端、弥补专业教育的不足。因此，要真正把素质教育融入到专业教育中去，只有按素质教育思想，将专业教育与非专业教育、课内教学与课外活动融为一体，使素质教育思想贯穿教育教学的全过程全方位，素质教育才会真正落到实处、收到实效。

二、坚持高校管理为全面推行大学素质教育提供保障的思想

高校全面推行素质教育需要重视管理的作用。要使高校教育真正落到实处、收到实效，高校除了要切实转变观念、明确素质教育的应有之义、确定相应的改革思路、制订合理可行的改革举措外，高校管理还应提供相应的支撑与保证。在高校中，无论是由受教育者身心发展水平决定的内在需求，还是社会对大学赋予使命而形成的外在压力，都决定了对素质教育的更高要求；相应地，也决定了对高校管理的更高要求。素质教育的全面推进，需要合理的组织结构、良好的组织环境、科学的管理机制，将素质教育赖以推行的各个方面按照其存在和发展的内在逻辑进行有序运转，控制与协调素质教育的各个方面，使其有效运行并与素质教育的思想相一致，保证素质教育的实施效果。

在高校全面推行素质教育的进程中，必须加强高校管理。素质教育体现在高等教育目标中，也应体现在高等教育的管理目标之中。

高校管理应为实现一定的管理目标提供最优化的管理模式。全面推行素质教育需要一个能充分体现素质教育内在要求的管理模式作支撑。一个能深层领会素质教育思想且不断关注教育思想的变化和最新动态，并能及时做出相应调整的教育管理模式是素质教育赖以顺利实施的支撑条件。它在实际操作中把握着素质教育的方向，决定着素质教育的质量和效果。

高校管理的有效性取决于管理的科学化和对教育思想的深层次领会。只有融教育思想于具体教育活动中的教育管理才是有效的管理。

当前，一些陈旧的管理思想与僵化的管理模式仍在阻碍高校素质教育的全面推行。这主要表现在以下几个方面。

①过多地强化行政权力，影响教师积极性、主动性的发挥。

②制订和执行各种规章制度时，未处理好刚性和柔性的关系，既未真正把住关，又缺乏因人而异的弹性，严重妨碍学生个性的充分发展，影响师生创造性的发挥。

③一部分高校教育管理的层次不高，尤其是教学质量，且管理没有以有利于培养学生的综合素质作为其出发点和归宿。

这些问题的存在以及高校推行素质教育的内在要求，向高校管理提出了新的挑战。一种管理模式一旦形成，在运行的过程中就会存在一种固有的惯性。由于高校管理的复杂性和特殊性，也决定了这种惯性的力量和持续性。全面推行素质教育，要求高校管理改革向广泛性和深层次推进。

为在高等学校全面推行素质教育，现对我国高校管理提出以下几点建议。

(一)要有利于发挥教师的创造性

高校应将培养学生的创新精神和实践能力作为学校管理的指导思想。为此，高校必须加强学术管理，充分发挥学术权力，其行政管理要明确为推进素质教育、提高学术水平服务。

因此，要从思想上认识到学术权力的地位与作用，充分发挥教授在管理决策中的作用，同时精简行政管理人员的数量、提高行政管理人员的素质，这样才有助于素质教育思想在各个具体教育环节中的体现与落实。

(二)要创造适应素质教育要求的制度环境

高校各种管理制度所形成的制度环境是决定高校素质教育能否深入推进的一个重要因素。所以，高校管理应切实做到以人为本，使各种制度的制订围绕素质教育这一宗旨，并使制度内部严谨有序，这既有利于学生个性的发展，又有利于他们创造性的充分发挥。

(三)要深化教学管理，提高教学水平

近几年，随着教育思想讨论的深入，教学决策薄弱的情况有了一定的改善，对其进行的改革也取得了相应的成果。但现实中，教学目标在实施中产生异化的现象依然存在，缺乏有力的评价与约束机制，致使教学行为并没有有效地受到教育目标的指引。素质教育是在专业教育中进行的，在具体教学过程中教学行为与教学目标的偏离，实际上也会导致素质教育的推进落实不到位，使最基本的素质教育要求得不到保证。

(四)要对学生给予足够的关注

素质教育目标的提出是以学生为对象的，素质教育实施的效果也是通过学生体现出来的。所以，我们应研究学生的发展过程及其不同阶段的发展特点，高校管理也应以此为出发点和归宿。

总之，在大学教育中高校必须坚持从不同角度，综合运用多种方法、途径整体推行素质教育。当前，我国正处在社会转型时期和教育体制改革的攻坚阶段，素质教育的实施仍需要一个探索的过程。在这种情况下，单纯地依靠坚持某一种思想或采取某一两种方法，不可能在大学教育中有效地贯彻素质教育观，高校必须从不同方面，综合运用多种方法途径，实现整体互动，才能够使素质教育真正在大学教育中得到贯彻落实，并取得预期效果。

第三章　当代大学生素质教育现状与提升策略

第一节　当代大学生素质教育现状

一、大学生综合素质的主流

当前，大学生综合素质的主流是积极向上、不断进取的。主要表现在以下几个方面。

第一，社会认同感增强。改革开放多年以来，我国取得了举世瞩目的巨大成就，政治稳定，经济发达，人民生活得到改善，这些事实激发了大学生爱党、爱国、爱社会主义的热情，使得他们坚决拥护党的路线方针政策，对坚持走中国特色社会主义道路充满信心。

第二，要求进步成为大学生的主流。大学生思想道德整体稳定健康，学理论、学知识的积极性和主动性比前几年都有了很大提高。

第三，社会责任感增强。多数大学生积极踊跃地参加学校组织的各项社会实践活动。如青年志愿者活动、社会调查活动、帮助困难学生的捐款捐物活动、义务献血活动等。

第四，成才意识逐步增强。多数大学生积极进取，学习自觉性进一步增强，求知、求新、求综合素质的提高已蔚然成风。

二、当前大学生的综合素质教育存在的问题

(一)思想道德素质发展失衡

目前，我国社会正处在从传统社会向现代社会转变的过程中。在社会经济

转型时期，信息急剧膨胀，多元文化交融碰撞，人们的价值观念趋于多元化，这就造成了人们社会行为的多样化和不确定性。处于世界观、人生观和价值观形成时期的当代大学生，思维敏捷、思想活跃，其对主体价值目标尤其是生命价值的关切和思考，使他们在心理上会面临一些价值矛盾。在某些领域出现的极个别拜金主义、享乐主义、极端个人主义倾向等消极现象，使一小部分大学生出现了思想上的迷茫和失落，其道德观念也受到了影响。主要表现在以下几个方面。

第一，社会责任感缺乏，正义感、诚信度下降等。此外，当代大学生中独生子女居多，使得一些大学生以自我为中心的意识较强，团结协作能力较弱，自私自利的价值取向日渐明显。

第二，过分追求物质利益，忽视个人的品行修养。由于受到市场经济重利原则的影响，个别大学生对物质利益产生狂热的追求，而对提倡节约一滴水、一度电、一粒粮不以为然，甚至认为吃苦耐劳和艰苦朴素的做法是"不懂生活质量"的表现。

第三，诚信观念缺失。在大学校园里，上课迟到、旷课和考试作弊等现象时有发生；甚至一些高校毕业生在自我推荐表上涂改成绩、虚构经历，诚信的优良品质遭到了严重歪曲。

(二)人文素养不够，能力素质存在实用主义的倾向

调查显示，一部分大学生外语好、数理化好、经济头脑好，但不了解文天祥、史可法，不了解《大学》《中庸》《论语》，等等。部分大学生过分重视外语、计算机、公关社交等实用知识的学习，忽视了基础知识、基础理论及传统文化的学习，以致出现了什么都学，什么都没学好，没有一技之长的结果。这与现在的就业单位过多强调计算机、外语等级证书等有直接关系。部分大学生缺乏开拓创新精神，因循守旧，没有创新思维，缺乏独特见解。教、学双方过分关注考试成绩，忽视了实际操作能力和创新能力的培养，从而导致了"高分低能"现象的普遍出现。在现在这个科学技术高速发展的时代，专业知识快速更新，那种"上一次大学，管用一辈子"的想法已经过时。在这样的势态下，大学生若不注重发展自己的能力而只关心专业知识，必将被激烈的竞争淘汰。

1. 一些学校缺乏对人文环境建构的重视

高校是教育的三大主体之一，作为培养人才的主要基地，应该具备浓郁的人文气息，但是相当一部分高校并不注重学校人文环境的建构和学生人文素质的培养。虽然很多高校已经意识到了加强学生人文素质教育的必要性，并增加了相应的人文社会科学的课程，开设了一些人文讲座，组织了各种校园文化活

动，也取得了一些成绩，但是由于对学生人文素质教育认识不清、定位不准，往往以为开设一定的人文课程和给学生规定一些必读书籍，就认为是对学生的人文素质教育，简单地把知识学习当作素质教育，将人文素质教育和人文社会科学的学习简单地等同起来，因而对学生的人文素质的培养很难取得良好的效果。

2. 一些学生缺乏对人文素质教育的认识

当前我国正处于经济结构调整时期，同时国际经济环境不稳定不确定因素增多，这些因素综合导致全球经济发展速度放缓，大学生的就业形势相对严峻。同时，受改革开放和市场经济的冲击，实用主义、功利主义思想也影响着当代的大学生。一部分学生在学业规划、专业的选择、知识的学习等方面，只看到眼前的利益，忽视长远的发展，存在着明显的急功近利的倾向。认识上，只看重专业技能的学习，忽略人文科学的学习，不注重自己人文素质的提高，综合素质低下；学习中，把考取技能证书作为学习的主要任务，通过考取资格证书来提高自身的就业竞争力，于是参加公务员、外语等级、计算机水平、司法考试等各类考试成了他们大学生活的主要内容，综合素质能力的培养不被重视，诚信意识缺乏，考试作弊毫不感到羞愧；思想上，以自我为中心，不会感恩，甚至不愿感恩，认为自己学习优秀，获得奖学金、助学金等是理所当然的，缺少远大的目标，丧失对理想信念的追求。

(三)知识文化素质和艺术素质发展不平衡

艺术素质是大学生综合素质的重要组成部分，是指具备艺术范畴内的内在知识水平和外在表现协调统一的一种综合水平和能力。一个人的素质包含自然素质、心理素质和社会素质三个层面，或可进一步划分为政治素质、思想素质、道德素质、业务素质、审美素质、劳技素质、身体素质以及心理素质。艺术素质一般可认为包含在审美素质当中。当代高校对大学生的教育尽管一直都强调要重视综合素质的培养，但总体来看，却长期偏重劳动技能素质、业务素质以及政治素质的培养。

对于大学生来说，艺术素质的培养是不可或缺的。艺术素质在学生成长的过程中，始终发挥着独特的作用，甚至对其他方面素质的养成也起到了促进作用。现在的大学生比较重视智力的开发，智育被强化了，知识文化素质提高了，但艺术素质的培养情况不容乐观。目前，大部分高校通过开设选修课或讲座等形式让学生获得艺术知识，希望以此来提高大学生的艺术素质，然而这对于培养大学生的艺术素质来说还是远远不够的，在课程和学时的安排上都难以使大学生得到较为系统的艺术熏陶，因而大学生的艺术素质并没有得到普遍提高。

(四)创新意识淡薄表现在日常学习当中

有一小部分大学生认为，对自己所追求的目标有实际利用价值的课程就应该废寝忘食地学习，这从研究生考试和公务员考试中都能得到体现；而对于有的课程，比如公共课甚至是部分专业课却可以出现逃课现象。在课堂上，有的大学生的思考意识、参与意识也很淡薄，不愿在课堂就教师提出的问题进行思考及发表观点，即使是对自己曾经有过思考或者是感兴趣的问题也是如此。学生中的这种实用主义思想，也在一定程度上对大学教学改革产生了影响，因为他们认为没有用处的课程或者问题并非完全是需要改革的内容。

大学生在观察和处理实际问题时，往往洞察力不足，只看到事物的表面现象，不能深入分析其中的规律性，不能抓住事物的本质，致使他们经常得出一些片面的结论和主观论断，难以真正地解决问题。在教学实践中可以发现，大学生在学习专业知识时，依然习惯于停留在寻求或者记忆固定的标准答案上，而不是进行发散式思维，继而从不同的角度去思考问题。他们依然习惯于听从教师的讲解，难以脱离教师的思维而进行独立的思考。

第二节　提升大学生综合素质的理论探讨

大学生是中国青年中的优秀群体，是社会主义事业的建设者和接班人，是未来社会发展的生力军，是国家和民族兴旺发达的希望所在。大学生的素质不仅直接影响和决定着中国现代化建设的进程和参与国际竞争的实力，也直接影响和决定着大学生历史使命的完成和成才目标的实现，更是在新形势下衡量我国高等学校办学水平和办学效益的重要尺度。因此，重视和加强大学生的素质建设，全面提升大学生的综合素质，理应成为高等教育教学工作的重中之重。

当代大学生的素质主要包括思想政治素质、道德素质、理论素质、科学人文素质和身心素质五个方面。其中思想政治素质是主导，道德素质是核心，理论素质是基础，科学人文素质是主体，身心素质是关键。大学生素质的高低，就是对这五个方面综合水平的衡量。

一、提升大学生的思想政治素质是主导

思想政治素质是最重要的素质。不断增强学生和群众的爱国主义、集体主

义、社会主义思想，是素质教育的灵魂。思想政治素质的灵魂地位，决定了我们必须把思想政治教育工作始终放在第一位。从总体上看，我国大学生思想政治状况的主流是好的，对坚持走中国特色社会主义道路、实现中华民族伟大复兴是充满信心的。但我们也需要清楚地看到，随着改革开放的不断扩大、社会主义市场经济的深入发展，经济成分的多元性必将导致人们思想的多元性，西方社会思潮的冲击和封建残余意识的影响都会使大学生的价值观念呈现出日益多样化和复杂化的趋势。因此，我们要坚决摒弃"高校思想政治教育理论课可有可无"的错误认识。高校的思想政治教育理论课是对大学生进行思想政治教育的主渠道，是帮助大学生树立正确世界观、人生观和价值观的重要途径，也是社会主义高等教育的本质特征。学习和掌握马克思主义科学理论，对于大学生的健康成长至关重要。

此外，为避免使高校的思想政治教育工作流于形式，高校应针对学生的不同层次、不同需求，大力推进教学方法的改革，转变更新教学观念，增强教学的实效性，在教学方法和教学艺术方面多下功夫。思想政治教育理论课教师应牢固树立"以学生为本"的理念，不能仅仅将书面的理论说教和社会要求作为教学的全部内容。因为"在大学生的思想政治教育的内容体系中，不仅应该有社会要求的价值体系和社会的规范体系，而且也应该有大学生的需要体系和大学生的问题体系"。在懂得大学生的思想状况、专业特点的基础上，还应让思想政治教育融入大学生的学习生活空间，真正地贴近生活、贴近实际、贴近心灵，使之成为大学生活中富有人性意蕴的工作；并充分发挥教师教学的主导地位，善用启发式、参与式、案例式、研究式教学，在调动学生学习兴趣的同时，力求讲课内容生动活泼，做到以情动人、以理服人。只有通过对这些行之有效的教学方法的不断探索和改进，才能提升高校思想政治教育教学的针对性、实效性和吸引力、感染力，才能确保用科学的理论武装人，以正确的舆论引导人，将大学生的思想政治教育工作落到实处，使大学生具备过硬的思想政治素质，真正做到理论科学、思想端正、头脑清醒、立场坚定、旗帜鲜明和行动自觉。

二、提升大学生的道德素质是核心

道德素质是一个人所具有的品德的统称。道德素质的核心问题是个人与他人、社会、集体的关系问题，道德素质是大学生成才的内驱力和催化剂。由于大学生是文明程度较高的社会群体，其文明程度、道德水平的高低，自然就成为社会关注的焦点。因此，提升大学生的道德素质不仅是推进素质教育所面临的首要问题，也是在新形势下高等教育所面临的一个时代课题。

各级教育部门和学校在认真贯彻党的教育方针、积极探讨新形势下思想道德教育的新形式、新方法的基础上，为学生提供一个良好的健康向上的外部环境，对提升大学生的道德素质尤为重要。

(一)要加强高校思想道德修养课的建设，改进教学环节

针对德育工作"润物细无声"的特点，要"寓思想道德教育于各学科教学之中，做到教书育人，使学生在接受科学文化教育的同时，受到正确的思想道德文化的陶冶"，德育工作者不仅要进行言语式的道德说教，还要注重实践活动的切身体会，将道德认识和道德实践紧密结合起来，把学生道德素质和社会责任感的不断提升作为高校德育工作的出发点和落脚点。

(二)加强师德建设是推进高校思想道德建设的重要内容和基础

教师的思想素质、价值取向、人格品质和精神风貌，不仅直接影响着学生的求知创新能力，更直接影响着学生人生观和价值观的形成及道德品质的定型。高校教师不仅承担着"传道、授业、解惑"的"经师"角色，更要牢记"身正为范"的"人师"角色，做到既教书又育人。教师的学术道德、做人准则、治学态度，会对学生产生潜移默化的影响，教师在现实生活中的表率作用、人格魅力是大学生道德素质提升的典范来源。辅导员在管理学生的日常生活学习的工作中，尤其在学生干部选拔、奖学金分配、入党考察等各个环节，务必做到公平公正，避免金钱、情感、功利因素的渗入，建立透明健全的管理体系和健康的激励机制，这对于改变和更新大学生的道德认识也是至关重要的。实践表明，大学生一般比较注重管理者的学术水平和道德人格，对仅靠职务、权力进行管理的人，尤其是道德和人格较差的人，大多数采取敬而远之或不接受的态度。

(三)要坚持贯彻学生日常行为规范，加强校风建设，营造良好的校园文化氛围

认真贯彻日常行为规范，就会形成良好的生活习惯，进而养成良好的行为方式，将外在的行为方式内化为良好的道德品质。高校教师应引导大学生通过对校风校纪的自觉遵守来带动和形成良好的学风，进而营造出健康向上、格调高雅的校园文化氛围，使大学生的思想在良好的校园文化氛围中受到熏陶和感染，并以此强化大学生的自律意识，摒除自身存在的道德缺失现象，真正为大学生的道德素质提升提供外在的约束感化机制。

（四）要引导大学生积极开展道德实践活动，发挥青年学生在公民道德建设中的主体作用和带动作用

大学生积极参与讲文明、树新风创建活动、学习先进道德楷模活动及重要节日和纪念活动，高校教师开展必要的礼仪、礼节、礼貌活动和告别不文明言行的活动，帮助大学生提升自身的道德修养，自觉摒弃市场经济道德无用论的认知偏差，在道德实践中真正历练和提升自身的道德素质。

三、提升大学生的理论素质是基础

（一）大学生的理论素质

所谓理论素质乃是理论与素质的集合体，是个体占有理论，并使理论成为个体内在品质的结果。其中，理论是对实践的认识，是行动的指南，没有科学的理论，没有对社会发展规律的认识和把握，就不会有远大的目标、坚定的信念。素质是人内在的综合性品质，是人形成性格和能力的基础。

理论素质是人的素质的一个重要方面，这种素质在知识分子阶层来说显得更为重要，它体现了人对真理的认识能力，是人的最基本的素质，是人社会存在的自我定位和自我意识，构成了个体所持有的社会价值观念的基础。就知识分子而言，坚实深厚的理论素养、丰富扎实的理论素质是其理应具备的内在素质。

所谓大学生的理论素质，是指大学生不仅对于自己所学专业具有良好的理论素养，而且对马克思主义哲学、人文传统、科学文化等都具有良好的知识积淀以及深厚的理论蕴藏。大学生理论素质的提出是马克思人的全面发展理论一个内涵的引出，是全面提升大学生素质的一个重要方面。大学生理论素质的提出就是为了克服当前大学生教育中只注重专业教育而忽视人文教育、只注重现代教育而忽视传统教育、只注重技能教育而忽视马克思主义基本理论的深化教育等问题而提出来的。大学生理论素质是一个综合体，主要体现在科学素质、人文素质和思想政治素质方面。其中，科学素质是适应现代社会所必需的素质，作为大学生尤其是理工科的大学生，理应了解自然科学，对于自然科学的历史、当前的主要发展趋势及自然辩证法都应有一个全面的了解；人文素质是大学生理论素质培养的重点，需要增强大学生对历史、社会和传统的认识和理解，培养大学生的人文素养，使大学生在丰富自身内涵的同时能对社会有一个更加深刻全面的了解；思想政治素质是大学生理论素质的重要方面，作为未来社会主义事业的接班人，需要具备良好的马克思主义理论素质。

(二)提升大学生理论素质的必要性

1. 提升大学生理论素质是由大学生自身所肩负的历史使命所决定的

在当代中国，知识分子已经成为工人阶级先锋队的一部分，大学生则是未来知识分子队伍的重要组成部分。大学生担负着迎接来自未来的国际挑战的艰巨使命，担负着社会主义先进文化传播的重要使命，担负着科学文化、人文文化传承的重要任务。当前，大学生群体越来越成为人们关注的对象，这是由大学生自身所具有的先进性决定的。

21世纪的国际竞争，归根到底是人才的竞争。当前世界发达国家都把竞争的焦点放到高科技及人才的培养与争夺上来。大学生作为高等教育的接受者，直接秉承的是先进的专业教育及人文素质教育。将来步入工作岗位的大学毕业生将在未来社会发挥骨干作用，他们自身的综合素质，直接决定着未来国家的国际竞争力。

2. 提升大学生理论素质是由大学生群体在社会中的影响力所决定的

自1999年中国高校扩招以来，大学生群体的总人数不断上升，大学生群体越来越受到社会各个方面的关注，这反映了我国高等教育事业的大发展，同时也使得大学生群体对于社会的影响力不断增加。当前，大学生群体的总人数不断增长，网络媒体上关于大学生的问题也不断涌现。这其中既有家庭因素、大学生个体因素、社会因素，也有高校本身的因素。

当前，全社会都将大学生作为关注的重要对象，如何使大学生成为中国特色社会主义事业的合格建设者和可靠接班人，已经成为一个迫切需要解决的重大问题。以往中国的大学教育，往往注重专业教育而忽视了大学生的全面发展，忽视了大学生理论素质提升的重要性。所以，培养和提升大学生的理论素质已成为高等教育提到议程上来并亟须解决的重要课题。

3. 提升大学生理论素质是由大学生所处的教育背景、社会时代背景所决定的

20世纪的中国教育正处于一个以人文教育为主的传统教育模式向以专业技术教育为主的现代教育模式的转变时期。这一转变虽有其历史合理性，但在这一进程中，传统的以文、史、哲为核心的人文学科逐渐受到冷落。对科学技术的片面追求以及大学教育结构中人文教育和科技教育的失衡，使得一小部分大学生出现了价值观念上的混乱、生活信念的迷失、道德观念的淡漠，以及对西方文化的盲目崇拜和对本民族传统文化的漠视，等等。尤其是一小部分理工科大学生一味地沉溺于外部自然的探索，往往容易忽视对内在精神世界的充实和完善，从而造成知识结构的缺陷和精神世界的失衡。就社会时代背景而言，

市场经济体制与经济全球化已经深刻地影响着中国社会；社会流动加快与偶然事件频发，使得刚刚步入高校的大学生将简单的社会现象复杂化；网络媒体、电子媒体以异常丰富的方式影响着大学生群体；多元文化冲击、多元价值观的冲击深刻地影响着大学生的思想。在这种情况下，亟须加强大学生的理论素质，通过提升大学生自身的理论素质，让大学生形成通过自身努力解决现实问题的能力。

4. 提升大学生理论素质是由大学生自身的特点所决定的

大学生正处于世界观、人生观、价值观逐渐形成和心理逐渐成熟的关键时期，在这一阶段，其所形成的思想、行为、习惯将会影响到今后的身心健康和发展。在这一关键期，他们模仿性强，易走向模仿的反面，导致价值观混乱、扭曲，从而出现观念偏差，在这种情况下就更需要切实加强大学生理论素质提升的教育。对此，我们应掌握学生个体心理行为发展的一般规律和特点，抓住学生成长的各个阶段的有利时机，以先进的理论提升大学生的思想认知水平，从而促进大学生自身理论素质的提升。

总之，切实提升大学生的理论素质有其重要性与迫切性。理论素质是大学生素质的有机组成部分，理论具有涵盖于全局、升华于高端、引领于前沿等特征，更为重要的是，为实践活动指明前进方向是理论的天然优势和重要使命。提升大学生的理论素质是提升大学生思想政治素质的关键，只有提升大学生的理论素质，才能使他们对社会的基本政治制度、基本经济制度等重要问题有更为深刻的认识。

四、提升大学生的科学人文素质是主体

科学教育是指以利用自然和改造自然、促进物质财富增长和社会发展为目的，向人们传授自然科学技术知识，启迪人的思维，开发人的智力的教育，它主要体现了以社会发展为标准的教育观。人文教育是以培育人文精神为目的，将世界各国的优秀文化成果通过知识的传播、环境熏陶等方式，使其内化为受教育者做人的基本品质和基本态度，它主要体现了以个人发展需要为标准的教育价值观。科学教育与人文教育是大学生素质教育并行不悖的两个方面。早在1995年，原国家教委提出了加强大学生文化素质教育的主张，要求各类高校通过各种形式的课内外活动，加强对大学生进行人文社会科学有关理论知识的教育，提升大学生的文化品位和素养，使大学生的综合素质得到全面发展。加强人文教育、培育人文精神、使之与科学教育同步发展，已经成为有识之士的共识。

将科学教育与人文教育二者并重，需要我们进一步深化高校教育改革，在

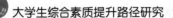

教改思路上摒弃原有的把学科专业划分过窄、知识分割过细的观念，改变长期以来以专业为中心、以行业为目标的片面教育。注重整体性和综合性的素质教育，改变课程结构，通过开设选修课等方式适当增加人文课程的比重，确立人文课程在整个课程体系中的基础性地位，尤其是那些科学性、系统性和实践性都较强的人文课程，将人文素质教育贯穿于大学教育的全过程，进而实现教育整体的最优化，以适应学科间相互交叉渗透、高度分解综合的发展趋势。教师在讲授人文课程的过程中，不要仅仅注重人文知识的传授，而是要将其与社会实际和生活现实结合起来，培养学生的思考能力，培育学生人文学科的思维方式，激发学生的学习兴趣，引导学生学会学习和思考，"授之以渔"而不是"授人以鱼"。

此外，要充分发挥第二课堂在大学教育中的补充作用。各学院可以积极开展人文教育的讲座，多召开文理之间的师生交流会。各社团可组织学生举办有针对性和互动性的活动，如读书报告会、演讲、辩论、摄制、艺术节等。组织大学生参加公益活动和社会实践活动，并鼓励不同高校、不同校区、不同学科间的互动交流。这些行之有效的课外活动的开展，有利于营造出活跃、健康的文化氛围，在校园形成浓厚的人文气氛，从而开拓大学生的思维空间，培育大学生的人文精神，提升大学生的适应能力，培养出涉猎多学科、多领域和博采众长的通才大学生。只有这样，大学生才能在具备坚实的基础科学知识的前提下，拥有深厚的人文知识功底，才能真正学有所用，形成与社会发展相适应的知识结构，兼具科学精神和人文精神，集较强的研究能力、独立的自学能力、良好的语言表达能力、敏捷的思维能力、独到的识别能力于一身。

五、提升大学生的身心素质是关键

健康的身心是大学生适应新环境、承担历史使命、实现成才目标的关键条件。大学生身心健康就是指大学生个体在校园内外各种主客观环境中，能够保持良好而持续的身体状态和心理过程，并充分发挥身心潜能的状况。心理健康的标准包含智力正常、情绪稳定、意志健全、自我意识明确、人格完整统一、人际关系和谐、适应能力强、心理行为符合相应的年龄特征八个方面。健康心理不仅是大学生良好品德素质的重要组成部分和开发智力的内在要求，也是大学生全面发展的必备条件。心理素质指的是一个人是否具有健康的心理和健全的人格，它是人在先天的生理基础上，通过环境影响和教育训练所获得的相对稳定的适应生活的基本心理品质结构。

由此可见，拥有健康的心理状态是大学生具备良好心理素质的前提。但是，随着社会政治经济形势的发展变化而产生的竞争加剧、生活节奏加快、物质生活的差距及严峻的就业形势等，给大学生心理带来了巨大压力；东西方文化的碰撞、利益格局的调整、社会生活与经济生活不协调等又造成了大学生的心理不平衡感；学校生活中的学习困惑、人际交往的无所适从、对自己的重新评价等问题，也容易使大学生产生心理障碍；个人的家庭背景、阅历、职业规划等因素，也会对大学生的心理产生重大影响，大学时期是大学生各种心理问题最容易出现的高发期。因此，关注大学生心理健康、提升大学生心理素质极具紧迫性和现实性。

(一)切实贯彻以人为本的教育理念

高校教师应采用换位思考的方式，站在学生的角度去体验他们的感受，及时发现并了解大学生的关注焦点、思想动态和心理诉求，因时因事因人做好心理疏导工作，把心理健康教育渗透到学校教育的全过程。其实，心理问题的产生都根源于现实生活，大学生最为关注的无外乎社会、人生、学习、情感和就业等方面。这就需要教育者对大学生的心理健康教育做到预防为主、未雨绸缪，在各个环节上都要耐心而细致地工作。首先，做好入学教育工作，引导并帮助大学新生尽快熟悉并适应大学的生活方式、学习方式和交往方式，完成角色的转变。充分发挥大学生的主体作用，帮助他们通过不断地调适自己，尽快成为大学生活的主人，避免因入学之初、进入新环境而常出现的失落、盲目和无所适从的心理现象。其次，要将思想政治教育工作落到实处，有了科学的理论做指导，大学生就能尽快树立新的人生目标和正确的世界观、人生观和价值观。确立了新的人生目标，就会激发大学生的学习动力和学习热情，树立正确的学习观。有了正确的"三观"作指导，大学生就能客观冷静地面对社会的风云变幻和人生的种种境遇，从而锻造出良好的心理品质，增强自己的"免疫"能力。

(二)要及时帮助大学生确立现代的就业理念，更新就业观念

目前，就业是大学生最关心的话题。教育者可通过细致的理性分析和价值引导，帮助大学生克服"毕业就失业"或"上大学就为了找工作"的认知偏差，客观评价自我，坦然接受自我，做好自己的"定位"工作，不会因过高或过低地自我评价而产生过度自信或焦虑等心理问题。这就相当于为大学生躁动的心态注入了镇静剂，种种学习压力、竞争压力就会得到缓解。

(三)要注意引导大学生树立正确的交往观

高校教师应引导大学生克服"自我中心"的封闭心理，自觉扩大个人的生

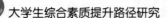

活范围和知识领域，广交良师益友，主动参与各种社会活动，懂得去品味和体会大学生活，学会给自己的心理以缓冲和调适。如果说上述几项措施是为了防患未然。那么高校还应当多设立大学生心理咨询机构，经常性地开展大学生心理健康教育讲座，在普及心理健康教育知识的同时，使有心理疾病的学生能够得到及时的关心和治疗，帮助他们解决心理上的疑难问题，使其心理上的苦恼与困惑得以解脱。对校园生活中有困难的群体也需给予充分的关注和重视，如针对贫困生，不仅要在物质上给予他们帮助，还要在精神上使之具备自立、自尊、自强的品质，鼓励他们用乐观积极的心态去完成学业；对于有人格障碍的学生，需要具体问题具体分析，对症下药，在耐心开导的同时，动员他们主动融入集体生活，在潜移默化中去弥补自身的缺陷。只有通过这种心贴心的互动机制，才能让每位学生在心理上认同、信赖教育者，在"朋友型"的师生关系中，在融洽和谐和富有人性的环境中心情舒畅地度过大学生活。

国家的未来在于人才，人才的关键在于素质。当代大学生的综合素质能否得到全面提升，是关乎中华民族伟大复兴的头等大事。我们要把握提升大学生综合素质的理论内涵，关注大学生的思想政治素质、道德素质、理论素质、科学人文素质和心理素质这五个层面才能为大学生综合素质的提升搭建有效的实践平台，才能为国家、民族培养出高素质的创新型人才。

第三节　提升大学生综合素质的策略

一、提升大学生综合素质的主要措施

首先，应坚持三个结合，即课内与课外相结合，第一课堂和第二课堂相结合，理论与实践相结合。其次，抓好三个统一，即德育素质与专业素质的统一，科学素质与人文素质的统一，创新精神与实践能力的统一。这样才能不断推进学生综合素质教育的深入开展。

（一）加强和改进德育教育，切实提升德育课效果

发挥课堂主渠道作用，进一步重视思想政治理论课教学，采用多种形式的教学方法，提升教学质量；专业课教师要结合本学科的教学开展德育工作，教书育人；加强专职辅导员队伍建设，高度重视课外管理；加强对思想政治工作的理论研究，不断在理论研究和实践中改进德育工作的方式方法；加强日常教

育工作，认真抓好各类主题教育和特色教育工作，努力提升德育工作的针对性和实效性。

(二)建设高素质教师队伍，为全面实施素质教育提供师资保障

要重视和加强教师队伍的职业道德教育工作，不断提升教师的政治素质和业务素质，使教师建立起高度的社会责任感，用教师的言行去感染学生、引导学生、教育学生。

(三)加强教学改革，拓宽素质教育平台

要以全面发展学生综合素质为目标，深化教学内容、教学方法、教学手段改革，合理设计综合素质课程体系。文科院校学生要选修部分自然科学，理工科院校学生要选修部分人文科学，以提升他们的综合素质。加强实验和实践教学，提升学生动手能力。加强和完善校内外实习、实践教学基地建设。开展各种技能大赛，将综合素质教育与专业建设紧密结合起来，拓宽素质教育平台。

(四)开展科技文化活动，培育学生创新精神

按照提升学生综合素质的要求，大胆创新科技文化活动的形式和内容，精心设计和开展形式新颖、吸引力强的科技文化活动，定期举办"校园艺术节""科技文化节""社团活动节"等综合性的大学生素质拓展活动，把开展科技文化活动作为提升学生综合素质的重要途径。

(五)切实强化社会实践，努力提升实践能力

牢固树立实践育人的思想，把社会实践活动作为提升大学生综合素质的重要途径。组织大学生深入开展社会实践调查、志愿服务和社会公益活动，引导他们学会做人、学会做事。

(六)完善考核评价体系，实施综合素质测评制度

科学的测评系统有助于评价学生的发展、进步状况，从而对教与学双方活动起着重要的控制、调节和促进等作用。高校应完善考核评价体系，实施综合素质测评制度。

二、课堂是提升大学生综合素质的主场

大学生生涯里，绝大部分的学习都是在课堂上进行的。要提升大学生综合素质，课堂教学不可或缺。所以，需要改变现有的大学的人才培养方式，给学

生更大的选择和自由发展的空间。这就需要高校优化大学教育管理流程，改革课程体系和课程内容，以实现大学教育的整体性、灵活性、可选择性，促使大学生素质全面提升。

(一)目前一部分大学课程设置中存在的问题

1. 课程理论研究不够

该问题主要表现在：对高校的课程问题重视不够、参与教学改革意识不强、研究成果理论脱离实际，直接影响了课程理论研究；借鉴引进多，吸收转化少，缺乏适应我国特色的理论思想和观点；缺乏将实践上升到理论的思想准备；缺乏必要的理论环境以及教师教育理论素养不够影响了实践经验的总结和新理论的形成。

2. 选修课不足，必修课偏多，比例不平衡

综合大学选修课占比较大，工科院校较低，外语学院最低。在严格规定了限选课与任选课比例的情况下，限选课多，任选课少。许多列入修读计划的公共选修课，因师资等问题，根本就无法开课，即使开课，其开课对象也大多局限在专业范围内，跨学科、跨专业、跨年级的课很少。必修课过多，不利于复合型人才的培养。

3. 忽视人文社会科学课程，实践课程严重不足

随着科技发展的高度综合化，课程的综合化日益受到重视，特别是文理学科的渗透与综合备受关注。部分高校除统一开设的政治、外语课外，文理科基本处于隔离状态。大学生入学后，从事实验技能学习的时间尚不足，导致大学生理论知识掌握较好，但动手能力、创造能力较差。

(二)素质提升需求下的课程设置原则

1. 课程设置与社会需求和科技发展相适应的原则

以争创本科教学优秀学校为目标，深化教学改革，提高教学质量，为国家培养更多更好的、具有创新精神和实践能力的高素质人才。

2. 课程设置多样化和综合化的原则

在确保共同必修的核心领域的同时，通过选修和多样化的教学模式，满足每个学生的能力倾向。实现多学科的交叉融合，从恪守学科界域编制课程向拆除学科界域、以科技性的观点改造课程转变。总趋势是，低年级以综合课为主，高年级多设单独科目，能力较强的学习分科课程，能力较弱的多学习综合课程；加强学习的科目多为单独科目，文理交叉的科目多为综合课程。

3. 课程设置中知识型课程与智能型课程并重的原则

全面改造学校的教育及课程内容，将知识传递、知识复制型的课程体系转变为知识操作和知识创造型的课程体系。坚持知识型课程与智能型课程并重，强调面广的普通教育与专深的学科探究相结合，把培养全面发展的人才作为课程设置的总目标。开设一些智能型课程，力求使学生通过此类课程与知识型课程的学习具备学术性、职业性、事业性及开拓能力。

设置课程体系必须坚持以下准则：一是质量上要"精"，要尽量使每门课程都能浓缩本学科的精华；二是数量上要避免简单的增或减，适当增加人文课程，并且要增加专业选修课和任选课的比例，使学生能根据个性发展需要、兴趣以及社会要求自主选课；三是在整体上做到"有所为，有所不为"，即在课程改革过程中，要特别注意课程体系和课程结构的整合和系统化。

(三) 素质提升，公共选修课任重道远

高校公共选修课(简称公选课或任选课)是面向全校学生开设的跨专业课程。它具有灵活性、实用性和时代性的特点，旨在拓宽学生知识面、培养学生的实践能力和创新能力，是高校全面提升大学生素质的重要方面。近年来，我国部分高校在公共选修课的设置上形成了艺术欣赏与通识教育类、计算机类、外语类、人文与自然科学类课程，在公共选修课的管理上也有一些明确的规章制度，取得了一定的成绩。

尽管如此，就现状来看，公选课课程建设还有很多不尽如人意的地方。首先，部分高校的师资力量的宏观调整配置不足，课程开设门类、数量有限，学生不能从容选课，这反映了大学开设的公选课在门类、数量上还不能完全满足学生的需求。其次，课程开设制度执行不规范，课程质量难以得到保证。有些学校在开设选修课时还缺乏深层次的、统一的、科学的思考，因而不可避免地出现了开出的课程与学生的期望相矛盾的现象。再次，学校缺乏教学质量监控，课堂教学未能取得良好效果。对于公选课，部分教师不够重视，备课不认真、授课内容随意性大的情况时有发生；而学生修读公选课的动机也值得推敲，部分学生受到"为学分而读书"的错误思想的影响。这些问题严重影响着当前公选课的教学效果和质量，一定程度上也影响着学生综合素质的提升。为此，有必要从以下几个方面加强公选课的教学管理。

1. 深入贯彻以人为本的教育理念，了解学生所需，拓宽选修渠道

以人为本的教育理念就是注重发展学生的态度、情感和独立学习能力的一种教育模式。而公共选修课最能体现以人为本、以学生为本的现代先进的教育思想。因为它的特点体现在一个"选"字上，让学生自己做出选择；而且其课

程内容广泛，学生选择空间大。因此，学校在设置公选课之前，可以通过调查，了解学生所需，然后有的放矢，根据学校实际情况，制订课程开设计划，做到"你选我开，你不选我不开"，只有这样才是真正做到以学生为本。

2. 实行激励措施与优胜劣汰制度并存，点燃教师教学热情

在日常教学中，部分教师对公选课的授课热情不高，往往是因为学校本身不重视公选课。要调动教师的上课热情，学校要采取一些措施，提高公选课在课程建设中的地位。在高校教学管理工作中，可以采取激励措施，有效激发广大教师热爱教育事业、提高工作质量的内驱力和创新精神，由此使教师的主观能动性得以充分发挥，创造出最佳工作成果。同时引入优胜劣汰机制。建议每门课程每一学年都要接受审查，审查由教学指导委员会的专家和选择课程的学生来执行。专家主要衡量学科水平，学生则主要考查课程的适应性和现实需求。审查通过的课程，可以继续开设；通不过，则当年暂不开设。通过以上两种方法结合，鼓励教师开设更多品位高、质量好的选修课程。

3. 完善并严格执行选修课管理制度

学校要建立起完善的选修课管理制度，对公共选修课进行统一科学的管理。首先，学校要合理布局公选课的开设，保证人文社科课程与自然科学课程设置均衡；其次，在选课前，要及时发布相关课程信息，如课程简介、教学大纲、教学计划、授课教师、排课时间、选课条件等，供学生参考，指引学生正确选课；再次，要求教师上课时如实记录学生的出勤情况，严格把关，不允许缺课累计超过课程教学时数 1/3 的学生参加课程考核。此外，公选课也应像必修课那样，把教师的教学资料纳入到日常规范管理中来，建立起详细的档案体系。

在完善选修课管理制度的同时，还要严格执行。否则，即使再好的制度也成了一纸空文，没有任何意义。严格执行选修课管理制度，就是要求各教学单位以及学校教务部门严格认真地把好程序关，避免走"形式主义"道路。另外，大力开展教学督导和教学质量评价，采取开课院系自查与学校检查通报相结合，进一步完善校院两级教学质量监控制度，使之又好又快地发展，走出一条后勤改革的新路子。

4. 科学安排教学时间，保证良好的教学环境，提高选修课教学质量

公共选修课的上课时间往往是晚上或者周末。而在这些时间上课，一方面，教学缺乏监督；另一方面，教师与学生容易出现疲态，难以保证教学质量。因此，学校应该更加合理地、科学地安排上课时间。在客观条件允许的情况下，尽可能把公选课的上课时间安排在平日白天。另外，良好的教学环境是提高选修课教学质量的必要保障。目前，有些公选课上课人数达到 150 人，人

数过多，教室显得拥挤，学生容易走神，也给教师的课堂管理带来一定的困难。并且，公选课通常没有被安排在多媒体教室上课，这样不利于教师的发挥。笔者认为，学校应该采取小班上课的形式，但前提是公选课必须效法必修课，在课程设置上形成稳定的师资力量。这样一来，同一门课程就可以多开设一些班级，由不同的教师承担教学任务。至于教室的安排，要结合课程本身的特点，尽量满足课程的需要，提供先进的教学设施，为老师与学生营造优良的教学环境。

综上所述，课堂教学是高校课程设置中的一个重要组成部分，是提升大学生综合素质的重要途径。提高课堂教学质量，充分发挥课堂学习在人才培养中的重要作用，有利于培养更多优秀的高素质应用型、复合型人才。

三、互联网是提升大学生综合素质的利器

在科学技术飞速发展的今天，互联网已经渗透到社会发展的各个方面，也深刻地影响着当代大学生的思想、学习、生活、就业等诸多方面，对大学生的综合素质的培养和提升也产生了深远的影响。

互联网是把双刃剑，它帮助大学生接触丰富多彩的文化知识，培养大学生的全球意识和现代观念，极大地拓展了大学生的思维范畴和交际空间，对提升大学生综合素质产生了巨大的推动作用。另一方面，网络使用过度或使用不当，也可能强化极端观念，造成道德的缺失，放大心理异常，导致一些大学生是非混淆，社会交往异化。所以，互联网对于大学生的综合素质有着不可低估的影响。

（一）互联网对大学生思想政治素质的影响

互联网是信息极为丰富的世界。互联网在校园内的广泛应用，使思想文化的传播方式由传统的单方向的灌输传播，转变为立体交叉式的交汇传播。来自不同国家、不同地域、不同文化、不同价值观的思想文化，都在这里汇集碰撞。在这些思想文化中，既有对社会主义拥护的声音，也有颠覆社会主义的声音；既有先进文化的传播，也有腐朽文化的侵入。大学阶段正是大学生世界观、人生观、价值观形成的关键性阶段，面对互联网上鱼目混杂、良莠不齐的思想文化的冲击，大学生容易被表面现象所误导而出现思想方面的混乱与动荡，这些也必将对青年学生的社会主义核心价值思想和共产主义信念带来冲击和影响。

（二）互联网对大学生文化素质的影响

互联网信息的共享性有助于大学生掌握更多的文化知识，强大的检索技术可以简便快速地使大学生从浩如烟海的数据中找到所需要的信息。无论是文学、哲学、历史等人文社会科学，还是自然科学方面的知识，都可以从网络上方便地获取。无论是电子版信息还是音频素材、视频材料，也都可以从网络上轻松找到，而且还可以发布观点，参加讨论，从而提升大学生自身的审美水平、文学品位、知识储备和人文修养。但是，我们也必须看到互联网的普及与应用也可能导致大学生忽略人文素质的倾向进一步加剧。随着互联网及相关产业的发展，在现在的大学生当中，热衷于学习计算机技术而忽略文史哲等社会知识和自然科学知识的现象时有发生。更有甚者，沉迷于网络，将自身的学业弃之不顾，痴迷网络，最终导致休学、退学。因此，我们更应看到一些大学生在学校当中，因脱离父母与老师的监管，沉迷网络、荒废学业、过度上网而导致心理与生理异常的现象，这也是互联网对大学生文化素质影响最严重的问题。

（三）互联网对大学生心理素质的影响

互联网是知识的海洋。互动的平台、娱乐的空间、网络的交流互动，丰富而刺激。这对求知欲旺盛、好奇心强烈、涉世未深的大学生有着强烈的吸引力。网络聊天、网络游戏等网络内容，使一些自制力差的大学生上网成瘾、欲罢不能，进而沉迷于网络无法自拔。网络能够放大使用者的主观性，满足其自我实现的需要、自我超越的需要、社会交往的需要、成就和控制的需要等。而网络交流与互动的即时性、自由度高和不受现实生活中的道德准则和行为规范约束的特点，使大学生在现实世界中无法实现的东西，在网络世界中能逐一变成现实，于是他们对网络日益产生依赖感、对其的依赖性也日益增强。由于长期习惯于网络生活、脱离现实、满足于虚拟现实中，导致自我意识的膨胀，或把上网作为逃避现实生活或发泄消极情绪的工具，缺乏正常的社会沟通和人际交往，甚至将网络世界与现实生活不加区分，这必然严重影响大学生的身心健康。

过度使用互联网导致个体明显的心理与社会功能的损害，主要有网络成瘾、网络交往障碍、网络人格心理失真、网络道德失范等心理障碍症状。

网络成瘾的大学生，绝大多数性格敏感、内向、忧郁，并且社会交往能力较低，严重者甚至出现社交恐惧，妨碍了个体心理的健康发展，影响人格的形成，导致个体的心理成熟受到阻碍。

（四）互联网对大学生法律素质的影响

大学生在网络时代要自觉遵守道德与法律规范，必须以良好的法律素质为基础。法律素质是大学生网络行为依法自律的保证。然而，网络自身的开放性、自由性、虚拟性和隐蔽性等特点，容易引发大学生道德防线的崩溃和法律上的越线等网络行为失范现象。

网络道德、法律素质的缺失和自我监管意识不强，导致一小部分大学生网络价值观念模糊，网络言行随意放纵，有的靠恶意散布谣言攻击他人，有的恶意曝光他人隐私，有的发表偏离社会主流的过激言辞等。还有一部分黑客，将破译他人密码、偷阅他人资料、制造病毒攻击他人网络，看成是对自我能力的一种体现等。长此以往，将不利于大学生形成乐观向上、勇于进取和勇于承担社会责任的人生态度。这些都是网络时代给大学生道德法律素质教育带来的困难与挑战。

在互联网时代，我们要始终把大学生的思想政治工作放在首位，坚持和巩固马克思主义在高校意识形态领域的指导地位，利用网络传播社会主义核心价值观，引导大学生树立正确的世界观、人生观和价值观，培养他们集体主义、爱国主义和共产主义的理想信念，防止拜金主义等不良思想对他们的渗透。通过加强大学生思想观念的教育，规范其行为，提升其辨别是非、知晓荣耻的能力；树立其崇高的理想，确立明确的人生目标。加大校园文化活动中网络文化的比重、定期组织与网络有关的文化科技活动，使之成为第二课堂对大学生进行文化素质教育的一种重要形式，如网络知识竞赛、网络创意大赛、网页设计大赛等，让大学生从活动中感受接受挑战、积极创新的乐趣，从而激发其上进心和创造性；举办网络话题辩论赛，通过对热门话题、时尚话题的辩论，引导大学生在活动中学会正确看待网络、利用网络，学会从不同角度看问题、分析问题，提升独立思考的能力，增强对网络信息的辨别与应用能力；加强大学生心理素质教育，增强大学生心理调适能力。

我们还应积极探索大学生心理素质教育的科学模式，切实提升大学生心理素质教育水平，通过心理素质教育普及心理知识，帮助大学生科学地认识和把握自身心理发展规律，掌握一定的心理调节方法，增强社会适应能力和心理调适能力，勇于面对现实生活中的各种压力与挫折。高校心理咨询机构应针对大学生网络成瘾问题，对有网瘾倾向的同学及早进行心理干预或心理治疗，通过有效的心理沟通与疏导，帮助他们化解心理困惑，避免出现各类网络疾病。

加强网络道德规范与法律素质教育，塑造大学生网络道德人格。我们在对大学生进行网络法律素质教育时，应与道德教育相结合，重视塑造大学生网络道德人格，使大学生能在各种不同道德法律准则发生冲突时，做出正确的判断和选择，并采取正确的行为，有效地在互联网生活中进行自我管理、自我监督、自我约束，实现网络行为自律，能够正确对待虚拟空间和现实空间的区别，塑造自己的网络道德人格，促进大学生法律素质的提升。

四、高校图书馆是提升大学生综合素质的资源库

图书馆作为知识信息的收藏和传播中心，在为师生提供信息服务的同时，也对提升大学生综合素质发挥着重要的作用。

(一)高校图书馆为全面提升大学生素质创造了条件

高校图书馆是素质教育的重要载体，为大学生素质教育活动提供了必要的技术手段和物质条件的支持，对于净化大学生的心灵、提升大学生的文化修养、规范大学生的行为举止有着十分重要的作用。

1. 有助于提升大学生的思想道德素质和人文素质

图书馆拥有大量优秀的人文科学和自然科学方面的书籍，能滋润大学生的心灵，提升他们的文化品位和审美情趣，能对大学生的人文素养、科学精神和健康人格的形成起到积极作用，从而帮助他们形成正确的世界观、人生观和价值观，这对于青年学生陶冶高尚的道德情操，拥有良好的思想品质，树立崇高理想和信仰有着潜移默化的作用。

2. 有助于提升大学生的科技创新素质

科技创新是未来社会所需人才必须具备的素质之一。高校图书馆藏有大量的专业书籍和电子期刊，通过查阅，大学生不仅可以掌握本专业及相关专业最新的研究动态，还能激发自身的创造意识和学习热情，他们还可自主选择感兴趣的知识，饱览不同学科、不同学派的学术观点，以培养自己独特的思考能力和创新能力。

3. 有助于提升大学生良好的信息素质

信息素质指有效地发现自己的需求，并据此寻找、判断、组织以及使用信息的能力。培养大学生信息素质的目的在于提升大学生在信息社会里利用信息的意识和能力，以使其获得良好的发展。目前，高校图书馆开设的文献检索课和提供的多媒体阅览、计算机检索及上网查询等服务都有利于培养大学生良好的信息素质。

4. 有助于提升大学生的心理素质

当今社会充满着竞争和挑战，优胜劣汰是人类进步的标志。在这种氛围中，拥有一个健康的心态是非常必要的。目前有部分大学生心理承受能力差，

稍遇困难和挫折，就会有消极的情绪，有的甚至走向极端，造成不良的后果，因此必须重视大学生心理素质的培养。高校图书馆所拥有的物质文化和精神文化，有助于提升大学生的心理素质。

5. 有助于提升大学生广博的综合素质

钱学森说过：“创造性思维往往是在不同学科知识和思维方式的交叉渗透中产生的。”这一至理名言，精辟地阐明了知识积累的重要性。从学生接受知识的角度来看，大学教学应该包括两方面的活动：一是在课堂上听取教师的知识传授而获得专业知识的教育；另一个是以图书馆的各种文献信息为基础，通过自学而获得广博通用知识的教育。图书馆在完善学生知识结构，全面提升其综合素质的过程中，发挥着得天独厚的优势。

(二) 高校图书馆提升大学生综合素质的途径

1. 开展导读服务，提升大学生思想道德素质

素质和人文素质教育是高校图书馆教育作为思想政治课堂教育的延伸，可以采取多种服务育人的方式对大学生进行思想政治教育。阅读是大学生文化学习和认知社会的基本方式，同时也是促进大学生心智发展的最有效途径。当前部分大学生阅读量减少，阅读情趣与品位下降，部分学生沉迷于网络，而优秀的中外名著却很少涉猎。因此，图书馆可定期为大学生开展导读服务，将一些思想先进、内容健康的优秀书籍介绍给他们，提升他们的鉴赏能力和思想觉悟，从而提升他们的思想道德素质和人文素质。

2. 发挥信息资源优势，提升大学生信息素质

素质和科技创新素质教育是高校图书馆的一个重要职能，即具有教育和信息服务职能。图书馆拥有丰富的文献信息资源，馆藏种类繁多。随着高校图书馆数字化进程的不断加快，各馆都加大了对信息数据库、电子期刊、电子图书、电子索引等信息资源的引进，并且根据学校重点学科和特色专业的设置推出了富有特色的数据库以丰富馆藏。由于该类资源学术性较强，而且每种数据库都有不同的界面、不同的阅读软件，检索方式也不尽相同。图书馆要针对各种数据库的特点对大学生进行培训，以使他们的信息素质得以迅速提升，从而帮助他们熟练地查找所需信息，提升其科技创新素质。

3. 采取多种方式，提升大学生心理素质

高校图书馆在提升大学生心理素质方面起着很重要的作用。一方面，大学生可以通过阅读各种心理学书籍、中外名人传记等，以此开阔视野，培养坚强的意志力和强大的心理承受能力，建立和谐的人际关系；另一方面，图书馆可以通过设立宣传栏、举办学术报告、开展心理咨询等活动，宣传和普及心理健

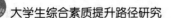

康知识，让学生克服心理障碍，消除不良情绪，促进他们形成健康的心理素质，从而以健康的心理去解决学习和人际交往中的各种问题。

4. 利用环境资源优势，提升大学生综合素质

未来工程师必须具备的能力之一就是具有多学科交叉的综合能力。图书馆教育与课堂教学相比，具有教育对象广泛、教育期限长、教育内容综合丰富、信息流量大、知识更新快等特点。图书馆可利用其环境资源优势，开展系列学术讲座，可邀请一些知名学者、教授、企业家来为学生讲授自己的人生阅历、最新科研进展、企业发展动态等；还可以举办美术、音乐、文学、摄影知识与作品欣赏等讲座。这样不仅开拓了大学生的视野、活跃了思维，同时也提升了大学生欣赏美、创造美的能力，从而提升大学生的综合素质。

总之，高校图书馆必然会凭其自身独特的优势在提升大学生综合素质的过程中扮演极为重要的角色，从而发挥不可替代的作用。

五、学术竞赛是提升大学生综合素质的演兵场

大学生学术竞赛是一项团体学术赛事。目前，我国已经开展了多种富有学科特色的学术竞赛，如全国数学建模大赛、全国大学生电子设计竞赛、机器人大赛、中国大学生物理竞赛等。这些学术竞赛，具有贴近实际生活、开放力度大、研究性强、考查面广的特色，在提升大学生的综合素质与创新能力方面发挥着独特的作用。在当前学科交叉越来越多、课题涉及面越来越广的背景下，单枪匹马、闭门造车式的研究已很难取得大的进展与突破。所以，我们认为提升大学生综合素质，一个重要方面就是在多途径、多渠道培养学生的综合能力与素质的过程中，指导他们经过科学的训练，培养并强化其创新意识、创新能力。就这点而言，大学生学术竞赛在其中发挥着独特且重要的作用。

(一)大学生学术竞赛的特色

1. 贴近实际生活

日常教学的试题通常将实际问题进行加工、分解、简化与抽象，使之成为抽象问题。而大学生学术竞赛的所有赛题均源于日常生活生产与工程技术中的实际问题，赛题紧贴日常生活实际。

2. 开放力度大

日常教学考试均采用闭卷考试的形式，且每一道题(无论是理论试题，还是涉及有关实验的题目)均有现成的甚至是唯一的标准答案。大学生学术竞赛的试题截然不同，所有赛题都是全开放式的，它们在设题中很少甚至几乎不设置限定性条件或参数，而是由学生们在研究中充分调动开放性思维，考查各种

不同的情况(实验条件、实验参数等)对研究结果的影响。一切均由学生们在研究中自行讨论,研究性强。

日常教学考试的题目一般都已经过提炼简化,且已给出了较清晰的图像,待求的变量也十分明确。对这样的问题,学生只要弄清楚用到的概念原理,然后沿着传统的步骤,正确应用数学工具,一般都能够达到求解目的。而大学生学术竞赛的所有赛题均要求学生对某些实际问题进行相关理论与实验研究。这就要求学生们需要先后多次查阅大量资料与文献,建立并反复修改理论模型数值计算与模拟,探讨各参变量的影响,精心设计实验方案,搭建实验平台,测量并分析实验数据,得出结论并进行相关讨论。

3. 考查面广

纵观大学生各类学术竞赛的全过程,实际也是考查学生全面素质与综合能力的过程。其中,在学术研究阶段,主要考查学生自主获取知识与信息的能力,描述并分析问题过程,建立相应模型,或提出科学假设进行科学论证的能力(即分析并解决实际问题的创新能力),设计实验方案、采集与处理数据分析结果并展开讨论的能力;在学术交流(现场辩论赛)阶段,虽然无论是作为正方、反方还是评论方,每支队伍只能由一人主控报告,但其他队员可以和主控队员进行交流,且必须做好相应协助;另外,竞赛规则对同一队员的主控报告次数的限制,使得多轮辩论赛下来,各参赛队的每位队员均会有数次主控报告的机会,所以该阶段能很好地考查各参赛队员的团队合作精神、交流沟通能力与随机应变能力。

(二)大学生学术竞赛的作用

1. 促进大学生形成科学的世界观、方法论

大学生学术竞赛全部采用与日常生活或工程技术密切相关的实际问题,首先会让学生感到亲切,并让学生更充分地认识到科学不是抽象的理论体系,而是活生生的非常有用和有趣的;其次,能较客观真实地反映自然界的实际问题,有助于学生对自然界形成较客观、较全面的认识,从而形成科学的自然观、世界观;另外,这样的问题需要运用抽象简化等科学方法将客观真实的问题转化为数学或物理模型,从而有效地提升学生分析和解决实际问题的能力。所以,大学生学术竞赛为科学的世界观、方法论教育搭建了一个理想的平台,有利于提升学生的开放性思维能力与创新意识。

大学生学术竞赛的所有参赛题目都没有现成的答案,而且答案也不是唯一的,其研究结果与研究思路及实验方案密切相关,几乎没有对错之分,只有深入与否或全面与否之别。也正因为如此,所以各项赛事非常具有挑战性,特别

是参赛学生们在研究中，须充分调动开放性思维，多次尝试不同的实验条件，采用不同的实验方案，讨论不同的实验参量对实验结果的影响……因此，在经过了多次这种开放性研究与实验后，学生们的开放性思维能力、创新意识以及灵活应用科学的思路与方法解决实际问题的能力会得到极大的提升。这也恰是大学生学术竞赛的最大魅力所在。

2. 培养大学生的科研素质

如前所述，大学生学术竞赛具有研究性强的鲜明特色，因此学生们在准备每一道赛题的过程中，均需要他们把所学的知识从感性认识上升到理性认识；从模仿思维过渡到独立思维，并进行一次小型的、系统的科学研究训练。因此，当所有这些赛题准备完毕后，学生们主动获取知识与信息的能力、建立数学与物理模型的能力、应用数值计算与仿真工具软件的能力、采集与处理实验数据的能力、逻辑推理能力与创新意识等科研能力与素质均会得到一个质的提升。

3. 促进大学生综合素质的提升

大学生学术竞赛作为一项学术团体赛，采用团队合作研究、现场辩论的竞赛模式，这不仅需要选手具有较高的理论水平和实验技能，同时也对选手的团队合作精神、交流沟通能力与现场反应能力提出了较高的要求。因此，这类赛事在培养大学生的自主学习能力、逻辑推理能力、开放性思维能力、解决实际问题的能力、正确采集与处理数据的能力、交流沟通能力、随机应变能力、创新意识与团队合作精神等能力与素质方面具有独特的优势。

总之，大学生学术竞赛作为对大学生综合能力与全面素质的考量，以鼓励创新和团队合作为核心理念，以培养学生创新意识、创新能力、协作精神、实践能力和交流沟通能力等素质为目标。大学生数模竞赛、大学生物理学术竞赛等的实践表明，这些竞赛不仅使所有参赛学子们获得了学科知识、科学方法、创新能力的有效统一与全面素质的明显提升，更为各高校共同探讨创新型高素质人才培养提供了一个很好的交流平台。因而，大学生学术竞赛为提升大学生综合素质，实现培养创新型高素质人才的战略目标发挥着独特且重要的作用。

六、社会服务是提升大学生综合素质的现场秀

提升大学生综合素质的途径有很多，但社会服务有其独特的价值和意义。社会服务可以提升大学生的社会意识，增强大学生的社会适应能力，完善大学生的心理素质能力，从而提升大学生的综合素质。

(一)社会服务是提升大学生综合素质的有效途径

1. 社会服务是当前大学生参与社会实践的主要形式之一

由于大学生志愿者在北京奥运会和上海世博会等大型活动中的出色表现，社会服务的理念得到了广泛宣传，志愿精神得到了传播。社会服务不仅是劳动付出，也是提升自身综合素质的过程。

2. 社会服务能够全面提升大学生的职业能力

职业能力是个体从事某种职业的多种素质能力的综合，在这里大致分为一般职业能力、专业能力、综合能力。通过社会服务，大学生有效地提升了自身的职业能力，从而增强了他们就业的竞争能力。

3. 深入社会化实践，增强身心素质

身心素质是个体各种素质能力发展和运用的基础。只要身心素质正常，经过一定的教育与实践，一般的通用素质能力都可以养成。许多社会服务活动对志愿者的身心素质都有一定的要求，为了圆满完成社会服务目标，志愿者们必须对其身体素质和心理素质进行锻炼，从而使身心素质达到要求的标准。

4. 理论结合实践，提升专业技能

社会服务是把课内教学与课外实践有机结合的良好平台，大学生往往根据自己的专业兴趣有选择性地参与社会服务，这就为他们在真实的工作情境中运用所学的知识和技能提供了实践机会，从而有效提升其专业能力。

5. 锻炼辩证思维，提升创新能力

创新能力是综合素质的核心体现，辩证思维是创新型人才所应具备的重要精神特征。大学生可以在社会服务过程中省察自己的观念或偏见，反思自己在社会服务生活中的服务角色，在失败和挫折中不断总结和提升。在社会服务中，大学生需要不断地面对新问题和复杂情况，为了清楚地认识新问题，需要他们自主判断问题并不断做出决定，其思维的系统性、独立性和创造性均能得到有效提升。

(二)社会服务能够极大地提升大学生的社会适应能力

从目前情况来看，大学生自身的社会适应能力也有待提升。而社会服务可以扩大大学生的社会关系资源和提升大学生的社会适应能力。

1. 社会服务中的身份认同可以扩大社会关系资源

身份认同一般是指一个群体或者个体获得被大众及自身所能够接纳的社会身份。大学生通过参与社会服务逐渐构建起彼此之间的人际关系网络，并以圈内人的身份理所当然地享受该关系网络中的社会资本。随着参与次数的增多，这种依靠身份认同而构建起来的人际关系网络会越来越大。

2. 社会服务能提升大学生的团队合作能力和社会适应能力

在社会服务团队中，包括组织者在内，人人都是志愿者，大家既是参与者又是组织者，因此大家都以主人翁的心态积极主动地参与所属机构的管理、策划和组织工作，在服务工作中出现问题或困难时，互相沟通、互相帮助、团结协作，共同致力于目标的完成。这种民主、平等、友好的工作环境氛围，使大学生的团结协作意识和团队合作能力得到了提升。同时，在社会服务过程中，大学生通过体验不同的服务岗位、不同的服务环境，接触不同的服务对象，扩大了人际交往面，提升了沟通交往能力和社会适应能力。

另外，社会服务工作可以培养大学生的领袖气质。领导能力是综合素质中较高层次的能力，社会服务为大学生担当组织领导者提供了机会，而且社会服务的公益性质，也最能考验一个人的领导能力。在社会服务活动这个舞台上，常规的关系网和利益链条大都失去了本身的价值，能否当好领导者更看重的往往是其自身的领导才能和个人魅力。

3. 社会服务有利于大学生转变就业观念、增强自信心

首先，社会服务有利于大学生转变就业观念。高校应届毕业生在入职前一般都无工作经历，他们择业的观念大多受社会舆论和长辈亲友对职业的评价所影响，形成了想往大城市、高收入行业发展，不愿到基层艰苦行业就业的观念。而社会服务使他们明白了一个道理：最需要你的地方，也是最能实现人生价值的地方。无疑，社会服务对转变大学生的就业观念至关重要。

其次，社会服务有利于大学生增强自信心。没有就业经验的大学生经常会遇到各类就业挫折，如面试失败、求职遭拒等，使自信心遭受重创。社会服务有助于大学生增加就业体验，增强自信心。如参与社会服务，大学生可以在比较轻松的情境下学习各种技能，积累工作经验，学会妥善处理人际关系，较为自如地应对工作难题，为将来就业获得演练的机会。

4. 社会服务有利于锤炼大学生的意志

意志是指克服困难、战胜困难的毅力和决心。有没有这种坚毅的意志是衡量大学生综合素质的重要标志。由于大学生初涉社会，阅历浅，经验少，在组织开展或参加各种社会服务时，必然会遇到许多他们从未经历过的新情况和新问题，这就需要他们去认识困难、克服困难、战胜困难，实现预定目标，这为他们以后正式的职业生涯打下了坚实的基础。

(三)积极拓展社会服务，有效提升大学生综合素质

大学生参与社会服务，在多样化的服务实践中将自我发展和社会探索相结

合，既增进了对社会的了解，又提升了自身各方面的综合素质。因此，我们应充分认识社会服务的育人作用，提升自身思想认识，扩大宣传力度，营造良好的外部环境，并积极拓展社会服务的形式与内容，促进大学生综合素质的提升与发展。

当前，全社会对社会服务的认识不够到位，许多人仍然把社会服务当作简单的学雷锋活动来看待，只看到社会服务的行动意义，没有看到社会服务的教育意义和示范意义。因此，要提升对社会服务的认识，必须做好宣传工作，让社会服务的观念在全社会扎下根来。要积极号召大学生踊跃参与到社会服务中，对他们在精神上给予鼓励、物质上给予支援、法律上给予支持。

发挥高校主体优势，建立健全大学生社会服务体系。高校应该充分发挥自己的优势，调动各种资源，做好社会服务的组织和管理工作。首先，在精神上要大力支持和鼓励大学生走出校园，参加各种社会服务和公益活动；其次，主动加强同社会各界的联系，为大学生参与社会服务提供尽可能多的渠道；最后，要不断总结经验教训，在积极配合好国家、省市青年志愿者扶贫接力计划和大学生志愿服务、西部计划等大型服务项目的同时，根据自身特点和便于大学生参与的原则，建立最适合大学生参与的立体式、全方位的社会服务体系。

大学生应积极参与社会服务，在服务实践中激发自己的潜能。不管有多好的外部环境，归根结底，还是需要大学生自己的积极参与。大学生应该充分认识到社会服务对综合素质提升的价值，积极参与各类社会服务，不断锻炼和挖掘自己各方面的潜能，提升自身的综合素质。

第四章　辅导员工作推进大学生素质全面发展

第一节　大学生综合素质发展理论

人的素质对一个社会、一个民族、一个国家的进步速度和文明程度具有决定性作用，而一个国家教育事业的发展水平又在很大程度上决定了人的素质水平。按照教育的本质来说，任何教育都是依据教育自身的发展特点，按照社会的要求对人进行培养、塑造和改造的。作为社会未来的建设者，大学生的素质水平在很大程度上影响着社会发展和民族复兴。每位教育工作者面前都有一个重要的课题：如何与时俱进、开拓创新，并且按照全面建成小康社会的目标要求，对教育工作不断进行改进，使大学生的身体心理素质、科学文化素质和政治道德素质水平得到提高。

为了清晰地了解素质教育，我们必须准确地把握素质的含义及其特征，立足当前大学生的素质现状，厘清实施素质教育的思路。

一、大学生综合素质培养理论

党和国家历来重视大学生的综合素质培养，这是因为大学生是民族的未来，是国家的希望，要加强和改进对大学生的综合素质培养，并对其高度重视，要意识到这项工作是一项战略任务，重大而紧迫，与"培养什么人、怎样培养人、为谁培养人"的根本问题息息相关。综合素质培养的相关理论也不是今天才有的，其渊源可谓历史悠长，需要我们深入挖掘。

（一）哲学理论

哲学是一门关于智慧的学问，概括和总结了社会知识、自然知识和思维知识，对世界观、人生观、价值观和方法论也进行了系统化和理论化的概括，是一套关于世界观、人生观、价值观和方法论的理论体系，这套理论体系是按照一定的逻辑规则建立起来的，运用了最一般的范畴、判断、概念和推理。思想政治教育的目的是教育社会群体中的成员，使其人格得到升华，其采用的是一定的政治观点、思想观念、道德规范。哲学的考察对象是整个客观世界，思想政治教育只是对人进行了研究，包括人的思想政治品德以及形成规律。思想政治教育并不等同于人生哲学，虽然它与人生哲学在教育方面都有一定的作用。哲学虽然无法代替思想政治教育，但是它的一般原理对于思想政治特殊规律的研究具有指导性作用。我们可以说，哲学和思想政治是一般与特殊的关系。

哲学既是世界观，又是方法论，哲学为思想政治教育提供理论基础，为其在世界观、人生观和价值观方面的发展提供理论依据。哲学还为思想政治教育提供了最高层次的方法论依据，是一项基本规范和准则，使人们更好地处理和驾驭自己同外部世界的关系。思想政治教育要将哲学作为支撑，帮助学生树立正确的世界观、人生观和价值观，在这项灵魂塑造的活动中，引导人们正确地认识世界、改造世界、创造理想世界。

实现思想政治教育目标的根本保证和最高成果就是引导和帮助人们树立马克思主义世界观。马克思主义世界观是正确的、科学的世界观，把辩证唯物主义和历史唯物主义有机统一起来。随着人类社会的不断发展，人类文明也在不断进步，思想政治教育作为一项有意识的、自觉的人类教育活动，逐渐走向科学，并且趋于成熟。任何认识世界和改造世界的活动，都是按照一定的世界观和方法论来进行的，哲学是人类精神世界的核心。思想政治教育以世界观、人生观、价值观等方面的教育为重要内容，更需要哲学理论对它进行引导和规范。

思想政治教育科学体系严谨、哲学内容丰富。思想政治教育的本质属性主要有四种，分别是政治性、教育性、思想性和管理性，也就是说，思想政治教育区别于其教育的内在规定性，并成为其自身性。思想政治教育的认识论结构、思想政治教育的本体论规定和思想政治教育的方法论形态是其基本哲学体系，主要包括三个方面。思想政治教育本体论的重要内容是思想政治教育的本质属性与基本规律，其对思想政治教育的根本特点和发展趋势起决定性作用，并对其形成制约。

思想政治教育的本体论是思想政治教育基本哲学内容体系的基础理论部分。它围绕思想政治教育的本质属性与基本规律、思想政治教育的主体与客体及其相互关系来展开。思想政治教育的哲学取向是从哲学角度概括和总结思想政治教育的价值取向深度。

（二）系统理论

研究系统的一般规律、模式和结构的科学就是系统论。系统论是一门具有逻辑理论和数学性质的新兴科学，它用数学方法定量地描述其功能，寻求并确立原理、原则和数学模型，并且适用于一切系统，用以研究各种系统的共同特征。一般来说，系统论是具有代表性的系统论，它是研究系统中结构和功能、整体和部分、系统和环境等之间的相互作用和联系的课题。

在学界，系统的定义一般是具有某种功能的有机整体，以一定结构形式并由若干要素联结构成。这个定义阐述了三方面的关系，分别是要素与要素、要素与系统、系统与环境，还包括了四个概念，分别是系统、要素、结构、功能。系统是普遍存在的，从系统论的角度来看，世界上任何事物都可以看成一个系统，使系统结构得到调整，使各要素关系得到协调，从而使系统得以优化，这就是研究系统的目的。

（三）管理学理论

自19世纪末20世纪初管理学开始形成以来，学术界对"管理"一词的基本概念提出了各种各样的见解。管理是在一定范围内，由一定人员依据一定的理论通过外部协调、内部疏通，使人、物、信息等资源发挥最大合力以实现目标的过程。系统研究管理活动的一般规律和基本方法的科学就是管理学。管理学的产生是为了适应现代社会化大生产的需要，它的目的是在现有的条件下，研究如何通过对人、财、物等因素的合理整合，使生产力的水平得到提高。无论是在东方还是在西方，我们均可以找到古代哲人在管理方面的精辟阐述。而现代管理学的创立以泰罗的名著《科学管理原理》以及法约尔的名著《工业管理和一般管理》的出版为标志。管理专家曾经预言，当人类进入21世纪的时候，以管理理念上人本管理思想的空前强化（人性化）、管理手段和方法上的柔性化、组织运作形态上的虚拟化等为基本特征的崭新的管理时代将悄然来临。

（四）教育学理论

教育学主要是对不同时期的教育现象和问题进行研究、对一般教育规律进行揭示的一门社会科学，它是一门独立的学科。目前已知世界上最早专门论述教育问题的著作是我国战国晚期的《学记》。但是，在教育科学体系中，教育学作为一门独立的学科，是其通过对各个不同时期的教育实践经验进行总结，并经过长期积累而发展起来的。

教育是对社会中人的活动进行有目的地培养和指导，是广泛存在于人类生活中的社会现象。只有对其进行深入研究，并经过长期积累成为教育学特定的研究对象，才能有效地进行教育活动。特别是随着现代社会的飞速发展，现代教育实践也在不断地发展，对教育学的研究也有了更新、更高的要求。有很多教育问题需要人们深入研究，例如，教育目的、内容，教育主体问题，教育制度问题，教育管理问题，反映中国特色的各种教育理论和教育实践问题，教育本质问题，教育实施的途径、方法、形式以及它们的相互关系问题，教育过程问题，教育、社会、人三者关系问题等。

（五）心理学理论

研究心理一般规律的科学就是心理学。思想政治教育学的知识来源和借鉴对象就是心理学，作为一门主要研究教育规律与人的思想品德形成和发展规律的学科，思想政治教育与心理学密不可分。思想教育具有正确性和有效性，其具有两个基本条件：一是要实现既定的思想教育的任务和目的，就要依照思想教育心理形成和发展的规律；二是规定思想教育的目的和任务，就要按照一定的阶级和社会的要求。心理学在一般意义上研究了正确培养完善个性和健康心理的做法和人的心理活动的本质和规律问题。心理学注重完善人们的个性和品质的问题，并且是行为、认知和情感实践训练相结合产生的，思想政治教育学正是以心理学规律作为基础，从而产生"晓之以理、动之以情、导之以行、持之以恒"的规律。你的建议被接受，通常是这个建议"通情、达理、可行"。在这种情况下，要想达到预期的效果，单纯的通情、说理或以罚代教都是不行的。思想政治教育学研究可以采用心理学的基本研究方法，将心理教育的内容和原理纳入思想政治教育中，能够使教育更加具有有效性、科学性和针对性。例如，掌握一些认知原理，如近因效应、光环效应、首因效应和定势作用等，能够避免犯主观认识错误，如"先入为主"和"以偏概全"等。

当代大学生健康的心理素质包括正常的智力、健康积极的情绪、和谐的人际关系、统一的人格、积极的意志品质、能够适应和改造现实环境、心理行为符合年龄特征、悦纳自己等内容。

二、培养大学生综合素质的原因

（一）培养大学生综合素质是国家发展的必然要求

通过一个国家的高校青年大学生可以看到这个国家的未来，青年大学生的兴趣、要求和愿望，他们的主流和本质，他们当中有代表性的思潮、观点和见解，他们的社会化特征都是一个国家的缩影。面对更加复杂的21世纪，青年学生受到了更多的冲击和影响，面对光明但曲折的道路，青年大学生要学会认识社会，不断地进行学习和实践，使自己的社会性得到发展，以至于最终能够适应社会，达到全方位的成熟。

当代大学生的主流特征主要包括以下五点。

1. 开放的特征

当代大学生追求更加充实的精神生活和物质生活，他们有很强的自主性，对于恋爱观、幸福观、人生观和家庭观有自己的看法和见解；他们有着开放的思想、活跃的思维；他们不屈服于权威，敢于向恶性势力提出挑战；他们不盲目相信传统答案，也不会将书本结论和领导的解答作为金科玉律；他们渴求通过努力而寻求一个答案，对于事情的看法有很强的深入性和批判性；他们标新立异，常常进行一些具有开创性和独创性的工作，敢于回避陈规陋习。

2. 动态的特征

大学生精力充沛，正处于人一生中最有活力的时期。在开放的社会里，他们的视野和思维不再像以往在封闭式的环境里那样受到限制，尤其是现在的物质生活比较充实，他们有了更多的精力参加更加丰富多彩的活动，不少青年大学生喜欢紧张兴奋的生活方式和充满刺激的活动，他们厌恶死气沉沉的社会生活，生动活泼的活动备受他们的欢迎，他们喜欢在紧张的生活之余痛痛快快地玩耍。

3. 合群的特征

在青年大学生中，友谊是非常重要的。大学时期正是广泛交友的时期，他们喜欢参加集体活动，生理的成熟又使得他们的友谊圈子扩大到异性，现在交通和通信技术都很发达，他们的社交范围日益扩大，在空闲时间或者节假日，一群青年会聚在一起无拘无束地谈论生活、学习、兴趣、未来、人生和理想。

4. 自信的特征

当代大学生对自己有着很强的信心，他们敢于表明自我价值，敢于冒险，积极进取，他们希望通过自己的拼搏取得事业上的成功，他们也希望得到社会的认可，他们对自我价值十分看重，并且十分渴望为社会做出贡献。他们希望自己具有果断性、顽强性、原则性、独立性、自觉性和正确性，不愿意被别人控制和支配。

5. 进取的特征

随着改革开放的不断推进，当代大学生有了更广阔的视野，他们看到了民族的希望和不足，他们内心有着强烈的求知欲望，他们希望用自己的知识和能力报效祖国，为祖国做出贡献。随着技术革命带来的挑战，知识经济时代也逐渐到来，引进的竞争机制让当代大学生更具紧张感和责任感。

　　总之，我国当代大学生的主流是好的，面临改革开放浪潮的冲击，他们成了承前启后的一代，他们是大有希望、大有作为的一代。但是按照"全面发展的人"的要求，一部分大学生还存在着许多不容忽视的问题。

　　在思想上，有一小部分大学生尚未形成成熟的价值观和马克思主义的世界观和人生观，看待社会和人生不能正确运用历史唯物主义的立场、观点和方法；不能运用辩证唯物主义的基本观点看待问题，即不能以全面的而不是片面的、互相联系的而不是孤立的、动态的而不是静止的、客观的而不是主观的、本质的而不是现象的观点和方法对问题进行观察、分析，并最终使其得到解决；缺乏全心全意为人民服务的精神，还有时代精神、合作精神、科学精神、探索精神、奋斗精神、奉献精神；对于现实生活中的各种社会现象和社会思潮尚且不能进行正确的分析和客观的评价，难以时刻使头脑保持清醒、使思想能够稳定应对复杂的社会现实；面对极端个人主义、拜金主义和享乐主义等腐朽思想可能难以进行抵制和克服。在思想观念方面，现代意识，如平等意识、竞争意识、效率意识、改革意识、民主意识、时间意识、创新意识、科学意识、法治意识、自立意识、信息意识等还未真正树立起来。

　　在政治上，有的大学生还没有坚定且正确的政治方向、政治立场、政治信念和政治志向；有时不能识别和抵制各种错误思潮的影响，经不起政治风浪的考验；只具有单纯的、朴素的、浅层次的爱国主义情感，尚缺乏深层的、强烈的爱国主义情感，还不能把这种情感升华为对祖国前途命运的深切关心、对民族利益的无限忠诚。

　　在道德方面，有一小部分大学生的做法也不尽如人意，不仅做不到弘扬传统美德，而且共产主义道德观念还很淡薄。在市场经济的消极因素的影响下，部分大学生存在拜金主义思想，对一些基本的社会公德一知半解。还有一些学生缺乏集体主义观念，在进行自我设计时，将自己与社会、他人的关系割裂开来，坚信个人至上，不反省自己，反而更多地去指责别人。享乐主义思想也有所表现，比如存在一些比富斗阔、超前消费、怕苦怕累的现象，对于劳动人民的劳动成果毫不珍惜，浪费现象严重。社会公德缺乏，举止不庄重，谈吐不文雅，不尊重老师，不关心同学，不为老弱病残让座，不同情遭遇不幸的人，不注意公共卫生等。

　　在心理素质方面，一些大学生虚荣心、自尊心特别强，以自我为中心，不容易与他人相处。一遇到挫折，心里就特别难受、痛苦、忧郁、恐惧，就会缺乏自信，特别地自卑。也有一部分大学生自认为心理健康，其实不然，情绪不稳定、情绪矛盾、意志不坚定、缺乏自制力、固执己见、放纵自己、嫉妒心强等都是心理不健康的表现。有人不愿意从事任何活动，对自己毫无信心，全盘自我否定；有人承受不了考试失败的压力或者情感上的挫折而产生轻生念头；有人无法接受现实，进而开始逃避，表现得玩世不恭；有人因为解决不了人际关系中存在的问题，不愿意再和群体交流而进行自我封闭。目前，焦虑、恐慌、神经衰弱、强迫、抑郁等都是我国大学生心理疾病的主要表现。大学生其他素质的培养直接受到心理素质的影响。

从身体素质来看，只要是一个神智正常的人，就应该懂得，健康对人的一生是多么重要，然而许多人在享有健康的时候却不会真正领悟到健康的宝贵。只有在身患疾病或者失去健康的时候，才能最真切地体会出健康的价值，尤其是青年人，他们不一定能真正意识到青年时代的健康是一生健康的基础。长期超负荷的学习任务占用了很多青少年娱乐活动的时间。考入大学后，除了体育课外，一部分同学甚至没有自己喜欢的一项体育运动，也不再参加任何体育活动；学习压力较高中阶段相对减轻，但体重增加、体育成绩不达标的现象也时有发生。

从知识素质来看，不管是综合素质的提高，还是综合能力的培养，都是从学习基础知识开始的，只有勤奋学习，不断积累，提高自己的知识水平，才能适应时代的发展，铺就成功之路。现在不少青年大学生意识到了知识的重要性，能够珍惜时间、刻苦学习。但是，也有一些青年大学生不思进取，崇尚"60分万岁"。现代的大学生要意识到，合理的知识结构也是成功的必备条件。无论是自然科学、社会科学还是思维科学，都要有一定的知识基础，既广博又专业，既有扎实的专门知识，又有广阔的视野，这样才能插上腾飞的翅膀。知识素质应包括人文素质和科学文化素质，二者不可分割。清华大学是我国著名的理工科高等学府，但清华大学的许多学生都非常重视人文社会科学的学习和艺术修养。

智力素质、审美素质、能力素质、科技素质、创新素质等方面也存在需要不断认识、不断提高、不断完善的问题。总之，随着时代的发展，随着人类社会文明的进步，随着素质教育的逐步深入，当代青年大学生一定能够认识到素质教育的重要性和紧迫性，从而努力学习，勇于实践，不断总结，逐步提高，将自己培养成为"全面发展的人"，以较高的综合素质迎接新的机遇和挑战，为建设有中国特色的社会主义伟大事业发挥自身的聪明才智。

(二)我国大学生在学习过程中存在的问题

目前，我国一小部分大学生在学习过程中还存在一些错误观念，重技术轻人文、重理轻文。一些学生只学专业课的知识，而非专业课就完全不学，将其当成休息课，这样的做法就会导致他们局限于某一专业领域，知识面狭窄，文理分割严重，没有坚实的基础知识与必要的基础理论，知识修养也缺乏；还有一些学生只热衷于考证，片面重视外语、计算机等实用技能性知识，忽视了其他专业知识的学习，这就会导致大学生知识结构不平衡、素质发展不平衡，最终难以适应时代的发展，影响其就业。

(三)马克思关于人的全面发展理论

促进大学生全面发展的理论基础就是中国共产党关于人的发展的经典论述和马克思关于人的全面发展理论。马克思认为，随着社会的发展，实践活动也应该不断深入，人们应该全面发展，"人以一种全面的方式，也就是说，作为一个完整的人，占有自己的全面的本质"不仅是体力和智力的提升，还有思想道德水平的提高。

(四)新时期对当代大学生全面发展的要求

新形势提出了新要求，高校要加强大学生全面发展的教育，并且对其不断地进行改进，使大学生的科学文化素质、健康素质、适应能力、思想道德素质和创新能力等各方面协调发展。

1. 思想政治素质方面的要求

首先要使大学生树立正确的政治方向，要加强大学生的思想政治素质，发扬他们的爱国主义和集体主义精神，增强他们的法律意识，引导他们把为人民服务作为自我修养的核心内容，从而形成其良好的思想政治素质。要坚定大学生对社会主义和对党的领导的信念和信心，加强理想信念教育；要加强以改革创新为核心的时代精神教育，加强以爱国主义为核心的民族精神教育，使大学生服务人民、积极奉献社会，并能在这个过程中使自我价值得以实现；要加强马克思主义中国化的最新理论成果教育，努力抓好思想政治教育工作，对大学生正确的世界观、人生观、价值观的形成进行引导。

2. 健康素质方面的教育

加强大学生的健康素质教育，有利于大学生形成健康的人格，促进大学生全面发展。要增强大学生对体育项目的兴趣，提高其体育竞技水平和素养；要培养大学生养成自觉锻炼的好习惯，使大学生牢固树立"健康第一"的思想。

3. 科学文化素质方面的培育要求，即智育要求

智育是对系统的科学文化知识进行传授，使大学生掌握基本的技能、技巧，形成科研观念，使其智力得到发展的教育。要让大学生适应社会的发展，也要让他们适应科技进步所提出的要求，大学生在学习过程中不仅要积累丰富的知识，还要建立合理的知识结构，使自身的智能得到开发和培养。

三、综合素质教育应坚持的原则

(一)全面性原则

全面性原则的内涵主要有以下几个方面：第一是高校必须坚持让每一位在校学习的学生都能获得素质教育的机会，素质教育必须面向全体学生。这既是实现高校培养目标所必需的，也是教育的公平性原则所要求的。因此，高校教育工作者一定要一视同仁地对待学生，不厚此薄彼，尤其是不歧视来自偏远山区的学生和所谓的"后进生"，使每个学生都能够享受到学校提供的素质教育服务。第二是要关注学生的全面发展。我们在进行素质教育时要注意到人的各种素质之间是相辅相成的，人的素质可以概括为身体、心理素质，政治品德素质，业务(知识、能力)素质方面，这些素质缺一不可，不能有所偏废，要使它们形成一个科学的素质结构体系。全面性原则的第三层含义就是，大学生的素质教育是一项系统工程，需要学校各部门协同配合、齐抓共管，做到全员育人，高校的教师要坚持做到既教书又育人。素质教育的目的就是要改变传统高等教育存在的缺陷，使学生的综合素质能够得到和谐全面的发展，教育工作者必须具有素质教育理念，在教育教学中要通过富有创造性的环节，使学生的德智体美劳得到全面发展，成为社会主义事业的建设者和接班人。

(二)主体性原则

在过去的教育模式中，我们将教师作为中心，现在的素质教育要求我们改变这种教育理念，尊重学生的主体地位，牢记要将学生作为教育的中心。要对学生保有充分的尊重和信任，注重培养学生良好的个性心理品质，尊重学生的个性，促进其个性的发展，重视培养创造个性，让学生生动活泼地发展。坚持主体性原则，教育工作者要有民主、平等的意识，与学生建立起和谐民主的师生关系，充分发挥学生的主动性与积极性，鼓励学生敢于想象、大胆创造，发展优良的个性品质，努力使学生在自觉参与素质教育的过程中，整体素质能得到培养和提高。

(三)实践性原则

素质教育的一个重要任务就是要让受教育者掌握必要的理论知识，同时培养较强的实践能力。大学生在专业技术的学习过程中离不开实践，课程设置和课程教学中的实践性教学环节包括：实验、社会调查、课程设计、实习、毕业作业和毕业设计等，其目的就是为了消化理论，将知识转化为能力，通过理论与实践的结合提高人才的素质。在大学生的思想政治素质教育方面同样必须坚持实践性原则。思想政治教育能否收到实效，是否使人的思想观点、立场得到改变，归根到底体现在人的行动上。所以，要从实践性的角度出发去认识和教育受教育对象，以提高思想政治教育的实效性。中共中央、国务院在《关于进一步加强和改进大学生思想政治教育的意见》中，把"坚持政治理论教育与社会实践相结合"作为加强和改进大学生思想政治教育的一条原则规定下来，这无疑是非常必要的。高校要引导大学生走入社会，不能让学生脱离社会实际、脱离社会思想政治教育的大课堂，重视大学生道德素质、政治素质、思想素质、法律素质等方面的教育，探索和建立与专业学习、创新创业、勤工俭学、服务社会、择业就业相结合的社会实践机制，坚持实践原则，让大学生深入基层，深入工农群众，在社会实践中全面提升自己的素质，熏陶思想感情，增长知识才干，充实精神生活，提高道德境界，做到知、行统一。

第二节　辅导员推进大学生素质全面发展的措施

一个人有什么样的思想，就有什么样的行为举止，因此，想要使高校辅导员能够更加有效地对学生进行指导，有效促进学生素质的全面发展，就需要辅导员用先进的思想来武装自己的头脑。作为一名辅导员，一定要重视自我充电，不断提高自身的综合素质。大学生是一个十分活跃的群体，不仅思想先进而且个性很强，因此教师想要对学生进行有效的指导就必须具有先进的理念。辅导员不仅要注重自我充电，学校也应该为辅导员提供更多自我充电的机会，定期组织辅导员接受新的思想，进而更好地完善辅导员的教学工作。

大学生的人生观和价值观尚未完全形成，在这个阶段，使他们认识到社会责任感是主要的任务，同时还要加强他们的社会责任意识。作为大学生的辅导员，要想有效地对学生开展各项工作，首先需要完善自身，做到"立人先立身，育人先育己"，树立好自身的形象，不断自我进步，认真工作，用心对待学生，在工作中找出大学生教育的内在规律性。

一、建立起平等的师生关系，关心、热爱每一位学生

辅导员潜移默化地影响着每一位学生，他们对学生的成长有着直接的关系。辅导员要做到"七心"到位，这"七心"具体指责任心、细心、爱心、恒心、热心、耐心、公心，一切为了学生服务，兢兢业业，同时要做到有情感的教

育，以理服人，以情感人，因此，辅导员应该常常运用情感交流，对学生进行情感教育，达到"润物细无声"的效果。

二、打造良好的班风、学风

打造良好的班风、学风，首先要抓好学风建设的主线，辅导员在平时的日常工作中，要学会灵活运用教育示范、检查抽查、奖先罚后等手段，激发学生的内在动力，加强学业过程管理，完善约束考评机制，营造良好的学习氛围，为学生的成长、成才保驾护航。

良好的班风和学风有利于学生的成长，不仅会对大学生的学习态度和成绩带来积极影响，还会对学生未来人格的形成起到良好的促进作用，辅导员对班风和学风的建设和构建起到引领作用，所以为了能够让学生在健康良好的环境中茁壮成长，辅导员要倾力打造一个努力上进、团结向上的集体。

三、培养学生良好的道德情操

大学生作为社会主义现代化建设的重要力量，其是否有高尚的思想道德情操能够直接影响到我国社会主义现代化建设的步伐。一个人只有有了高尚的思想道德情操，才能为社会做出更大的贡献。当今社会物欲横流，处于认识世界关键时期的大学生很容易受到社会上不良风气的影响，因此，采取有效措施培养大学生高尚的思想道德情操十分必要且迫切。大学辅导员更要对学生的生活与学习进行有效的指导。辅导员应该积极地对学生进行思想方面的指引，使学生的道德情操得到不断的提升，形成正确的世界观、人生观和价值观，使学生德才兼备，成为综合型人才。

四、鼓励学生进行社会实践

对于大学生而言，他们现阶段已经掌握了大量的理论知识，但是目前大学生普遍存在的一个问题就是实践能力不够强。一个只有理论知识而没有实践能力的大学生，不能称之为全面发展的大学生。因此，作为辅导员，在积极鼓励学生学习理论知识的同时，还要鼓励学生积极实践，有意识地将理论知识与实际生活结合起来，提高学生理论知识的运用能力。大学阶段学生应以专业知识的学习为主，学生如果不能将理论知识与实践有效结合起来，那么，就阻断了依靠自身进行创新的道路。学生只有将理论与实践有效地结合起来，才能进行有效的创新活动。辅导员不仅要鼓励学生积极地将理论知识与实践结合起来，还要努力为学生创造更多进行实践的机会。

五、鼓励学生参加社团活动

大学为学生的发展提供了广阔的空间，其中能够使学生的管理能力与协调能力得到有效发展的一个重要途径就是社团活动。在社团里学生可以扮演不同的角色，其为每个学生都提供了锻炼的机会。我们要让学生明白参加社团活动的重要性，并鼓励学生积极地参加社团活动。经常留意招聘信息的辅导员可能会发现，不管是企业单位还是事业单位，都喜欢录用有学生干部经历的学生，有的单位明确提出要录用有班干部经历的学生，可见高校开展学生工作的重要性。鼓励学生积极地参加社团活动，不仅能够使学生的综合能力得到有效提升，也使得学生的大学生活变得更加丰富多彩。

六、培养学生各项能力

（一）自律能力

自律是一个人在思想上和行动上的高度自觉，一个成功的人，他必备的品质就是自律，这不仅是一种习惯，更是一种能力。辅导员要坚持培养学生的良好习惯，使其形成自律能力，有人说，21 天就能养成一个好习惯，形成的好习惯又会促进自律的养成，在学生的发展过程中，自律能力极其重要。

（二）学习能力

随着社会的发展和信息化时代的到来，知识和信息更新换代的速度越来越快，如果不会学习就会被社会所淘汰，并且在就业过程中失去竞争力，因此必须让学生养成良好的学习习惯，使学生学习的兴趣与热情得到激发，保持学习的能力。

（三）创新能力

创新是社会发展的重要力量，只有推陈出新，才能为社会的发展提供动力，社会发展的成果都是创新的产物，国家未来的发展决定了人才必须拥有改革创新的能力，而学生就要做到勇于改革创新，以坚定的毅力和决心，掌握方法和技术，才能在未来的工作当中立于不败之地。

（四）合作能力

当代大学生欠缺的是与人合作的能力，他们的合作意识往往不强，但是在当今社会，这种合作能力是必备的，没有一个人是完美的，但是一个团队却有可能是完美的，辅导员老师需要让学生意识到合作的重要性，要引导大学生认识到个人与团队、合作与团队的关系，培养大学生团结合作的能力，这样不仅能够使其在合作中发挥一加一大于二的作用，还能够使学生终身受益。

第五章　大学生综合素质提升路径与实践探索

第一节　大学生综合素质提升路径

如何提升大学生综合素质使之适应新时代？从策略上看，高校需坚持目标驱动，问题导向，更好、更快、更全面地落实立德树人的根本任务，为提升大学生素质创设条件。

一、加强课程思政与思政课程的融合协同

以德为先的教育理念是高校思想政治教育的基础。社会主义高校需要不断强化大学生思想政治教育，讲好思政课，强化学生对"四个自信"的学习，引导学生树立为实现"中国梦"奋斗终生的理想信念，把爱国爱党的精神扎根于心。激励教师积极参与课程思政建设，挖掘出课程中的爱国主义、民族自豪感、社会主义核心价值观、工匠精神、科学伦理等与育人要素相关的内容，从深度和广度上增强专业课程中育人环节的溢出效应，注重提升大学生的文化自信。构筑三全育人大格局，将显性教育和隐性教育相统一，形成协同效应，打造课程思政和思政课程共同育人的新生态。

二、加强专业知识和应用技能的系统传授

专业教育是大学人才培养的核心载体，系统地学习专业课程，可以帮助学生具备科学文化素养，增强学生认识和改造世界的能力，为其后续走上工作岗位奠定基础。大学生应用技能的培养，不应单纯地理解为某种操作性技能的习得，而应更关注在学校专业实践过程中，分析问题和解决问题的能力提升。与此同时，还需要强化哲学等基础学科的教育力度，提高学生的思辨能力，通过

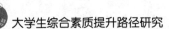

多种渠道向学生宣传法律知识，提高其对法律界限的辨析。高校教师通过系统讲授，使大学生具备足够的专业素养，并且具有良好的知识体系和自学更新能力，能够更好地对接今后的工作岗位需求，从而有利于实现高等教育强国建设战略目标。

三、加强体育课程和身体素质训练的科学实施

构建多元的大学体育课程体系，开足开齐体育基础理论课，推行大学生运动俱乐部管理，充分调动学生的自主能动性，提升因材施教效果。重视体育活动场地的建设及校内体育器材设施的配备，为学生在校开展体育学习和日常锻炼创造条件。数字驱动智慧赋能，提高学生身体素质日常训练软件的使用，帮助学生科学直观掌握自身的运动情况和身体素质变化情况，使用软件实现体质健康测试目标化管理，通过过程管理提升学生的参与感和获得感。通过组织校内外业余或专业体育赛事，积极鼓励学生参加能够提升身体素质的比赛。聚焦"教会、勤练、常赛"，促进大学生身体素质健康发展。

四、加强美育课程和美育浸润的创新突破

在学生的培养方案中，有针对性和实效性地开设各类美育通识选修课，为学生提供充足的课程资源。同时，利用好感性教学形式，采用实践体验法、环境熏陶法等开展美育教育课程线上线下混合式教学。从中华优秀传统文化、革命文化和社会主义先进文化中挖掘美育价值，推进非物质文化遗产、高雅艺术、地方戏曲等传统文化进校园，让学生体验艺术带来的视觉享受，创新美育浸润式体验。跳出美育格式化、课程化的简单操作，培养大学生的审美情趣，注重唤起其对自然之美、生活之美等的过程体验和感受，充分发挥美育教育提升学生精神境界的作用。

五、加强劳动教育和劳动价值的重构塑造

把握劳动教育价值取向，引导学生树立正确的劳动观，培养出大批既有劳动精神，又有劳动技能的人才，是大学劳动教育的核心。学校可通过设置"新时代劳动教育理论课+专业劳动课程+劳动实践教学"的方式，通过重点讲授马克思主义劳动观，普及与大学生职业发展密切相关的劳动科学知识，不断增强大学生的劳动认同感。教育引导学生热爱劳动和劳动人民，继承和发扬劳动精神，达到以劳树德、以劳增智、以劳强体、以劳育美的效果。通过调研发现，结合专业特长开展创造性劳动，对帮助大学生认识自身力量、能力和才干，使

其在劳动中树立正确的劳动观点和劳动态度，强化自身劳动品质的培养，加深其对专业的热爱。

六、加强创新意识和创业能力的专业教育

推进建设"专创融合"的创新创业课程体系，尽可能地在专业教育中引入学科专业的前沿知识和趋势展望。组织专业教师开设创新和创业理论与实践模拟课程，引导学生关注知识产权，培养学生的创新意识，提升学生的创业意愿。在服务地方产业建设中做好与企业的合作对接工作，注意收集和发布优质创新创业平台资讯，为学生创造良好的实习实训机会，让学生了解企业运作的真实环境，积累创新创业的技能和经验。用好校友资源，积极开展校友创业导师选聘工作，使之成为大学生职业生涯规划、专业学习引导以及创新创业指导的助推力量，这对于提高学生双创能力有事半功倍的效果。

七、加强心理健康教育和校园文化的氛围营造

系统构建大学生心理健康保障系统，加大大学生心理健康情况监测力度，关注学生异常表现，形成动态化预警机制。及时做好危机干预与处理，配备足够的校园心理咨询机构工作人员，为大学生提供必要的心理疏导和帮助。尊重学生主体地位，引导学生学习知识、认识自己，通过开设心理健康教育相关通识课程，让大学生自主选择学习内容，使其在理论学习中自主调控个人情绪、增强心理抗压能力。注重积极向上学风氛围的营造与保持。注重校园文化的建设，营造积极向上，阳光健康的学习生活氛围，用好同伴效应，使大学生在良好的集体氛围中悦纳自己。树立终生学习和发展的理念，打通可持续发展通道，为大学生个人综合素质的不断提升奠定良好的基础。

第二节　大学生综合素质提升的体系构建

一、大学生综合素质提升体系的构建思路

(一)培养学生全面发展理念

提升大学生的综合素质，需要以合理的知识结构作为基础。合理的知识结

构体系包括了基础知识、专业知识，还要让学生具备健全的心理，拥有顽强的意志、良好的性格。也就是需要培养学生在学习的过程中，兼顾专业素质与人文素质，让二者相辅相成。培养学生的全面发展理念，指导其积极参加大学生社会实践活动，提升自我认知能力与自我约束能力，能够巧妙运用自身所学知识解决问题。

(二)注重人才培养模式的创新

对于大学生综合素质提升体系的构建，首先就要注重人才培养模式的创新。具体表现在培养方案的设计上，要依据各个专业的学科特点并结合实施策略，对专业的教学计划不断地修订，保证人才培养方案科学合理；表现在教学模式上，就要引进现代化的辅助教学手段，积极促进师生的互动，培养和启发学生形成科学的思维方式，从大学生自主学习的角度去引导学生，打破传统单调的线型程序教学模式。

(三)优化整合课程结构体系

要从多维立体的网络系统课程结构出发，不但要概括学科专业体系，建构合理的学科理论体系、概念框架体系，还要综合考虑到学生的认知、思维形式与知识体系的统一合并，协调科学知识与人文知识。从细致化的角度来说，就是要将专业课程设置的横向拓宽与纵向深入予以整合。将人文学科与理工科的课程有机结合，设立综合性的交叉学科与边缘学科，彻底打破学科专业限制，最终创建综合的学科课程体系。

二、构建大学生综合素质提升体系的实践探索

以课程体系、制度体系、心理健康教育体系、组织管理体系与目标测评体系这五大体系的建设作为构架支撑，促进大学生综合素质的提升，组成以大学生文明修身工程为载体的大学生综合素质培养体系。

(一)课程体系

根据大学生综合素质提升体系的目标要求，要对开展的课程进行科学的设计，从科学文化类课程、个性发展类课程与公民教育类课程三类来详细划分。专业课、公共基础课与学科基础课归为科学文化类课程；让大学生根据自身的兴趣爱好进行选修的归为个性发展类课程；侧重教学实习、实践实训类的课程是以两课作为主要课程，并将形势政策、法治教育等课程作为辅导的实践类课程，此类课程归为公民教育类课程。

（二）制度体系

构建大学生综合素质提升体系的系统规范体系，需要从制度上给予完善。制定大学生行为管理制度，完善大学生思想政治教育制度，设置大学生资助管理制度、就业指导规划制度等完整的制度体系，为大学生的综合素质塑造提供制度上的保障。

（三）心理健康教育体系

综合素质的提升，除了要具备文化素质，还要有良好的心理素质。要开展面向个别学生的心理咨询工作，对于极个别学生还要开展危机预防和干预工作。心理健康教育要侧重学生心理健康知识与心理训练方法的内化，让学生掌握心理健康的基础知识，并能根据不同的环境实行心理调适，提升心理自助能力，完善自身的人格，重塑自身健康的心理素质。

（四）组织管理体系

建设科学体系、实施制定方案，需要以科学高效的组织管理体系作为基础和保障。大学生综合素质提升体系的构建，同样需要以高效的组织管理体系作为构筑基础。各大高校可以在每个学期制订大学生综合素质培养与提升计划，并不定期地召开研讨会议，针对大学生综合素质培养方案运行过程中出现的问题给出讨论策略，并总结解决的方案。

（五）目标测评体系

大学生综合素质培养体系的构建，还需要完整的测评系统作为支撑，并以此来检验体系构筑的实际效果是否突出。高校可以制订学生综合素质测评问卷，并在每半年、每年实行量化测评考核。评估学生的综合素质，还要根据学生实习与就业的反馈来实行，通过跟踪调查毕业生的工作情况，利用对比反映毕业生的素质。学院年度考核中也要将学生的综合素质培养与提升纳入进来，以实现大学生综合素质培养工作的规范与系统化。

综上所述，构建大学生综合素质的培养与提升体系，能够有效地提高高校人才的培养质量。但是大学生综合素质的提升，并不是墨守成规的，也是没有定则的，需要结合不断的创新，开拓大学生综合素质培养的新路径，为我国的社会主义建设培养具有综合素质的接班人。

第三节　新时代背景下大学生综合素质提升的路径与实践探索

一、教学改革结合课堂思政，提升大学生思想政治素质

(一)深化第一课堂教学改革

高校需要对思想政治教育第一课堂教学方法进行不断的创新和突破。教师需要及时优化教学理念，转变传统的教学模式，注重学生"听课体验"，采用贴合学生心理发展规律的教学设计。此外，各高校要按照《高等学校课程思政建设指导纲要》文件精神，全面推进课程思政建设，在各类各门专业课程中融入价值观的引导，做到知识学习和思想引领相结合、显性教育和隐性教育相结合、科学精神和人文素养相结合、家国情怀和职业理念相结合等，形成全岗位育人、全过程育人的良好氛围。

(二)提高网络阵地教育质量

在当前信息化的时代背景下，高校必须高度重视网络教育阵地的建设，为学生积极构建网络教育平台。学生教育工作者要及时在微信、微博、抖音、B站等网络媒体上发声，传递主流声音。

二、学科竞赛结合文化建设，提升大学生科学文化素质

(一)举办素质技能综合竞赛

高校可以结合办学特色和专业建设，积极开展综合性的学科竞赛和技能比武，为提升大学生科学文化素质搭建平台。部分比赛成绩可以直接计入第一课堂成绩中，所有比赛成绩都列入第二课堂积分体系中，形成了一整套的科学有效的激励体系，极大提升了大学生的科学态度，培养了工匠精神，同时也为各专业的校外竞赛选拔储备了人才。

(二)打造校园文化精品活动

高校需要立足当前的发展形势，坚持"立德树人"原则，结合时代精神，

组织开展丰富多彩的校园文化活动。每周开展线上"读书训练营"班级特色活动，营造多读书、读好书的良好学习氛围。每月开展"周末文化广场"社团展示活动，充分发挥社团在校园文化建设中的重要作用。每年定期开展"红五月"主题系列活动，引导广大学生弘扬五四精神，坚定爱国理想信念。

三、心理关爱结合体育训练，提升大学生身心健康素质

(一)建立健全心理疏导机制

首先，高校可安排心理疏导课程，夯实大学生心理健康的理论基础。其次，高校要组建心理工作团队，及时关注和解决大学生中存在的各种心理问题。每年针对在校生进行心理普测，定期组织开展线上、线下心理素质教育，关注大学生心理健康，增强学生自信心，培养学生积极向上的工作、学习态度。

(二)强化科学体育运动训练

高校要积极开展形式、内容丰富的体育活动，使学生在体育活动中强身健体，增强团队协作意识，锻炼交流沟通能力。学校可将田径运动会调整为"体育文化月"系列活动，增加大量趣味体育活动和素质拓展培训项目，增强在校生的参与热情，从而有效提升大学生的身体素质。

四、双创教育结合实训课程，提升大学生综合实践能力

(一)发挥双创教育平台作用

高校需在软、硬两个方面发力，为校内开展双创活动提供足够的场地和设施。其次，为在校生增加双创课程和比赛，将专业知识与双创实践相结合，使学生感受创新创业的魅力。设置众创空间对接社会资源，定期邀请企业导师和投资人来校开展"双创沙龙""双创训练营"等活动，做到理论结合实践，双创促进成长。

(二)提升实训实践教育比例

高校在课程的设置上要适当增加实训实践教学的比例，尤其对于理工科的学生，要确保实训实践条件，保证相关课时数，让学生在实践活动中增强对所学知识的理解和应用。结合专业设置和育人特色，将培养电力行业高技术技能

人才作为出发点，大力推进理论课程改革，加大理实一体课程应用，深化产教融合和校企合作，积极拓展校外实训实践基地，和相关企业合作打造"现代学徒制"和"1+X"证书试点，保证了在校生的实训实践课时。

　　总之，新时代背景下，全面提升大学生的综合素质具有十分重要的意义，但当前大学生综合素质培养效果仍有提升的空间，这就需要高校采取有效的措施，不断丰富培养大学生综合素质的路径，将提升大学生综合素质贯穿于大学全过程，从而全方位提升学生的思想政治素质、科学文化素质、身心健康素质以及实践能力素质，最终将学生培养成为满足社会发展需求的综合型高素质技术技能人才。

参考文献

[1]程春．普通高校大学生综合国防素质及其测评研究［M］．杭州：浙江大学出版社，2023.

[2]李艳霞．大学生综合素质教育［M］．2版．上海：上海交通大学出版社，2022.11.

[3]张珍真，焦红红．新时代大学生综合素养与发展［M］．北京：企业管理出版社，2022.

[4]唐祥云，黄静．发展视野下的大学生综合素养培育［M］．天津：天津人民出版社，2022.

[5]包勇，曹丽君，谢存．大学生综合素质拓展训练［M］．北京：北京理工大学出版社，2023.

[6]孙世玉，赵艺谦．青春该有的样子——当代大学生品质培育与养成［M］．济南：山东大学出版社，2022.

[7]任金晶．新时期高校思政课程理论与实践探索［M］．长春：吉林大学出版社，2022.

[8]杜其林，李松竹，李洪胜．新时代大学生综合素质教程［M］．北京：团结出版社，2020.

[9]杜其林，谢伯华，王希征．新时代大学生综合素质训练教程［M］．北京：团结出版社，2020.

[10]马小洪，张林园．大学生素质训练［M］．北京：北京理工大学出版社，2020.

[11]颜廷丽．"互联网+"背景下大学生创新创业能力培养研究［M］．北京：北京理工大学出版社，2020.

[12]修文艳．基于大数据的小学生综合素养评价［M］．杭州：浙江大学出版社，2020.

[13]李黎黎，潘珍珍．高职大学生心理健康［M］．北京：北京理工大学出版社，2020.

[14]冯静，吴佳，赵瑞雪．大学生心理健康实践辅导教程[M]．成都：电子科技大学出版社，2020.

[15]袁敏．大学生职业生涯规划——职业生涯规划篇[M]．北京：北京理工大学出版社，2020.

[16]何光明，江兵，张华敏．高职学生综合素质教育教程[M]．天津：天津科学技术出版社，2020.

[17]王西维．汉语言文学与大学生人文素质教育[M]．长春：吉林人民出版社，2019.

[18]花树洋．大学生国防教育与军事课教程[M]．成都：电子科技大学出版社，2019.

[19]沙楠．大学生职业规划与就业指导[M]．北京：北京理工大学出版社，2021.

[20]王静．全球治理人才培养背景下的思政教育体系建设[M]．北京：中国商务出版社，2021.

[21]胡小燕．大学生素质教育读本——综合实践记录[M]．上海：上海财经大学出版社，2019.

[22]周志和，阳娟，李规．综合素质拓展 第三册[M]．北京：北京理工大学出版社，2019.

[23]陈鸿雁．大学生文明礼仪[M]．北京：中国水利水电出版社，2019.

[24]高立群，王卫华，郑松玲．素质教育视域下大学生体育教学改革研究[M]．长春：吉林人民出版社，2019.

[25]陈华，杨兴鹏，冯缙，等．生涯发展与职业心理素质提升训练[M]．北京：北京理工大学出版社，2019.

[26]赖先志，郑栋之．大学生创新创业实践指导教程[M]．成都：电子科技大学出版社，2019.

[27]谌基财，易宵，张婉璐．素质教育读本3[M]．上海：上海交通大学出版社，2020.

[28]袁敏．大学生职业生涯规划——职业素养与能力篇[M]．北京：北京理工大学出版社，2020.

[29]齐爱花．当代大学生道德素质教育理论与实践研究[M]．北京：冶金工业出版社，2020.